Dagmar Ehrlich

Rebsorten ABC

Reben und ihre Weine

Hallwag

INHALT

Zum Gebrauch

Chardonnay, Pinot grigio, Chianti – was davon ist eine Rebsorte und was keine? Aber was ist eine Rebsorte überhaupt? Was zeichnet sie aus? Wie schmeckt ein Wein, der aus ihr gekeltert wurde? Wie wichtig ist sie für den Charakter eines Weins? Wenn nicht zufällig ein guter Weinhändler oder ein Sommelier kundig durch den Namensdschungel hilft, bleiben diese Fragen oft unbeantwortet.

Genau diese Lücke soll dieser Kompass schließen. Er möchte Ihnen helfen, die wichtigsten 106 Rebsorten von den weltweit etwa 10000 zu entdecken. Nach einem kurzen historischen Teil und einigen Worten über Rebsortenkunde und Rebenzüchtung beginnen ab Seite 8 die Porträts der einzelnen Rebsorten, unterteilt in die drei Gruppen »Stars«, »Aufsteiger« und »Regionale«, die je nach Bedeutung ausführlicher oder kürzer beschrieben werden. Das daran anschließende Kapitel über Ökosorten stellt einige der wichtigsten Neuzüchtungen von pilzwiderstandsfähigen Rebsorten vor.

Alle Porträts sind ähnlich gegliedert: Wie man eine Rebsorte ausspricht, steht direkt unter dem Namen, wie sie sonst noch genannt wird, woher sie stammt und aktuell vornehmlich angebaut wird, darunter. Der Punkt Weinstil gibt Hinweise auf den Typ: z.B. schlank und rank oder kräftig-füllig. Nach Farbe, Körper, Säurestärke, Aroma und möglichen Essenspartnern endet das Porträt jeweils mit den wichtigsten Besonderheiten. Bei den regionalen Sorten werden zusätzlich Weine genannt, in denen sie Verwendung finden, für die Ökosorten ist auch der Name der Züchtung angegeben. Das anschließende Kapitel »Cuvées« erklärt die wichtigsten Weine, die aus mehreren Rebsorten verschnitten werden. Ein kurzer theoretischer Anhang und ein Register vervollständigen das Buch.

Von der Wildrebe ...

Am Anfang war die Wildrebe – buschig mit wild wuchernden Ranken oder fast baumgroß mit dickem Stamm und prachtvollem Blattwerk. Ihre Geschichte reicht zurück bis in die Kreidezeit, vor etwa 130 bis 67 Millionen Jahren. Funde aus dieser Zeit beweisen die Existenz von Pflanzen mit reblaubähnlichen Blättern.

Botanisch gehört die Weinrebe in der Ordnung der *Rhamnales* (Kreuzdorngewächse) zur Familie der *Vitaceen* (verholzende Kletterpflanzen), und darin zur Gattung *Vitis*. Aus deren beiden Untergattungen *Muscadinia* (Nordamerika, Mexiko) und *Euvites* (Europa, Amerika, Asien) – besonders aus Letzterer – entwickelten sich eine Vielzahl von Arten, von denen *Vitis vinifera* die bedeutendste ist, stammt von ihr doch unsere Europäerrebe *Vitis vinifera sativa* ab, deren Trauben wir den Wein verdanken. Aber auch amerikanische Wildreben wie *Vitis berlandieri, Vitis labrusca, Vitis riparia* und *Vitis rupestris* sowie die asiatische Art *Vitis amurensis* spielen im modernen Weinbau eine nicht zu unterschätzende Rolle.

Die europäischen Wildreben, wie sie heute noch im Kaukasus, auf dem Balkan und an der Donau wachsen und sogar bis in unser letztes Jahrhundert in den Auwäldern am Oberrhein vorkamen, kann man als Ahnen unserer Kulturrebsorten bezeichnen. Vermutlich sind sie hervorgegangen aus den Unterarten der Wildreben *Vitis vinifera var. silvestris,* beheimatet in Mitteleuropa bis Palästina, und *Vitis vinifera var. caucasica,* deren Verbreitungsgebiet von der Ukraine bis Turkestan reicht.

Vorstufen auf dem Weg von der Wildrebe zur Edelrebe entstanden im Laufe von Jahrtausenden durch spontane Mutation (Genveränderung), ausgelöst zum Beispiel durch Klima-

... zur Edelrebe

veränderungen, oder durch natürliche Kreuzungen. Doch letztendlich ist es eine Kulturleistung des Menschen, aus der wild wachsenden Kletterpflanze jenes Gewächs geformt zu haben, das uns seit Tausenden von Jahren das vielleicht edelste aller Getränke schenkt.

Landwirtschaftlicher Weinbau und Weinbereitung waren in Mesopotamien und Ägypten mindestens seit 3000 v. Chr. bekannt. Bei den Griechen, die mit Dionysos sogar einen eigenen Gott des Weins verehrten, kam es im 1. Jahrtausend v. Chr. zu einer ersten Hochkultur der Rebe.

Das größte Verdienst für ihre Verbreitung gebührt jedoch den Römern, die etwa 300 v. Chr. begannen, Reben zu kultivieren. Den Völkern ihres immer größer werdenden Imperiums brachten sie den Weinstock als »Baum des Lebens« wie auch als Friedenszeichen. Sie kannten schon 130 Rebsorten, die sie durch Selektion weiterentwickelten, vor allem für Tafeltrauben, Rosinengewinnung oder zur Herstellung von Mostkonzentraten, weniger für Trinkweine. Doch die Bedeutung der Trinkweine nahm kontinuierlich zu. Krieger wurden zu Winzern, Nomaden sesshaft, und der Wein half beim Werden und Wachsen kultureller Gemeinschaften.

Mit dem Erstarken des Christentums übernahmen die Klöster, insbesonders die Zisterzienser, mit sehr viel Engagement das römische Erbe, förderten den Weinanbau und die Rebsortenselektion. Anfänglich wurzelten im Weinberg noch fünf bis zehn Sorten gemischt nebeneinander: einige für das Aroma, andere für die Menge. Es war nur eine Frage der Zeit, bis sich Qualitätsunterschiede zeigten, sich die besten Sorten verbreiteten und die schlechteren langsam verschwanden. Von den heute weltweit etwa 2500 zugelassenen Rebsorten sind gut 100 von größerer Bedeutung.

Ampelographie

Die Ampelographie oder Rebsortenkunde (*ampelos* = Weinstock und *graphein* = schreiben) ist die wissenschaftliche Grundlage dafür, verschiedene Rebsorten möglichst zweifelsfrei voneinander zu unterscheiden. Sie ordnet alle Rebsorten nach ihren Synonymen (Namen), ihrem äußeren Erscheinungsbild (Aussehen der Triebe, Blätter, Blüten, Trauben, Samen und Beeren) und anderen botanischen Merkmalen, etwa dem Austriebsdatum, der Blütefestigkeit, schwacher oder starker Wüchsigkeit, früher oder später Reife oder auch der Widerstandskraft gegenüber Krankheiten, Schädlingen und Frost. Faktoren wie Ertragshöhe und Mostgewicht spielen eine ebenso wichtige Rolle wie Abstammung, Herkunft und heutige Verbreitung.

Als Rebsorten (z. B. Riesling, Chardonnay, Cabernet Sauvignon) bezeichnet man die *Varietäten* einer botanischen Art *(Spezies)* der Gattung *Vitis* – und zwar in überwältigender Mehrheit der Europäerrebe *Vitis vinifera*. Alle der im klassischen Weinbau genutzten Sorten gehören zu ihr. Dennoch ist die Bedeutung vor allem der amerikanischen Arten groß, auch in Europa spielen sie mittlerweile eine »tragende« Rolle. Ihr Wurzelsystem ist nämlich, anders als das der Europäerreben, reblausresistent. Die Ausbreitung dieses kleinen Insekts hätte in der zweiten Hälfte des 19. Jahrhunderts beinahe den gesamten Weinbau in Europa zugrunde gerichtet. Abhilfe brachte erst die Methode, auf den Wurzelstock amerikanischer Reben (so genannter Unterlagsreben) Edelreiser europäischer Sorten zu pfropfen. Die veredelte Pflanze produziert Trauben der aufgepfropften Edelsorte, bleibt aber immun gegen den Biss der Reblaus. Fast alle Weinberge sind heutzutage mit veredelten Reben bestockt, ungepfropfte (»wurzelechte«) Sorten trifft man kaum noch an.

Rebenzüchtung

Seit jeher gibt es das Bestreben im Weinbau, sowohl bereits existierende Kultursorten nach Möglichkeit weiter zu verbessern als auch durch Kreuzung neue Rebsorten zu gewinnen, die im Idealfall die Stärken der Ausgangssorten in sich vereinen, ohne deren Schwächen zu behalten.

Edelreben, die im Weinbau verwendet werden, vermehrt man in der Regel vegetativ, das heißt durch Stecklinge. Jeder dieser Stecklinge ist genetisch mit der Mutterrebe identisch.

Um die Qualität einer Kultursorte aufzuwerten, besteht nun die Möglichkeit, im Weinberg nach neuen, durch Mutation entstandenen besseren Varianten (»Klonen«) zu suchen, sie zu selektieren und sodann als Stecklinge mit nachfolgender mehrjähriger Prüfung über verschiedene Selektionsstufen zu vermehren. So funktioniert etwa die ungeschlechtliche **Klonenzüchtung**.

Bei der **Kreuzungszüchtung** dagegen kombiniert man durch gezielte Befruchtung verschiedene Sorten zu einer neuen. Die Anzucht wird nicht vegetativ, sondern aus Samen betrieben. Je nach Kreuzungspartnern unterscheidet man drei Varianten: Werden zwei Europäerreben gekreuzt (*intraspezifische Züchtung*), ist ihr Spross eine neue Edelsorte. Müller-Thurgau ist ein Beispiel dafür. Kreuzt man zwei Arten miteinander, meist eine amerikanische Wildrebe mit einer Europäerrebe (*interspezifische Züchtung*), entsteht eine so genannte Hybridrebe, z. B. Seyval blanc. Hier zielt man auf hohe Widerstandskraft gegenüber Schädlingen und Krankheiten ab, was nicht nur für den Ökoweinbau eine Topchance eröffnet, Pestizide einzusparen. Bei der dritten Variante, der *Unterlagenzüchtung,* sind beide, Mutter und Vater, zwei Wildarten, der Nachkömmling ist eine Unterlagsrebe.

DIE STARS

Riesling

Jede der acht Rebsorten in diesem Kapitel ist einzigartig. Ihre unverwechselbare Frucht, sozusagen der Fingerabdruck einer jeden Sorte, ließ die Nachfrage nach reinsortigen Weinen, besonders aus Übersee, sprunghaft ansteigen. Nach wie vor bilden sie das Rückgrat der Topweine Europas. Sie sind der Maßstab für Qualität, die Basis vieler Neuzüchtungen und Weinstile. Fast in jeder Preis- und Qualitätsklasse machen sie Lust auf Wein.

Internationale Spitze

Die großen Weine der Welt, die, die stets ganz oben auf dem Treppchen stehen, beständig Medaillen einheimsen, in den besten Lagen wurzeln (und oft sogar andere Rebsorten von dort verdrängt haben), die jede Zuwendung des Winzers erhalten, edel ausgestattet zu hohen Preisen in den Handel kommen und schließlich bei jedem Weinkenner köstliches Entzücken beim Lupfen des Korkens auf das Gesicht zaubern – fast alle werden aus der Hand voll Rebsorten dieses Kapitels gekeltert. Bis auf eine stammen sie alle aus Frankreich, wo man sie *cépages nobles* (edle Rebsorten) nennt. Die große Ausnahme bildet der Riesling, der vor allem in Deutschland und Österreich Feinstes hervorbringt.

Die Weine selbst jedoch, sortenrein oder im Mix mit anderen Trauben, kommen längst nicht mehr nur aus Frankreich. Man erzeugt sie in aller Welt, viele in Übersee. Siegertypen von höchster Qualität und frechem Selbstbewusstsein sind dabei – unerbittliche Herausforderer für die Altmeister aus Galliens Weingärten. Cabernet Sauvignon, Chardonnay, Syrah und Sauvignon blanc mögen ihre Heimat in Frankreich haben, die faszinierende Fähigkeit, unter verschiedenen Standortbedingungen neue Weinstile hervorzubringen, konnten sie erst anderswo auf der Welt entwickeln.

Zu den Superstars, die sie heute sind, avancierten diese Rebsorten in den Neunzigerjahren. Jede Menge neuer Weine gab es während jener Epoche zu entdecken. Weinjournalisten jubelten fast nur noch über Cabernet Sauvignon und Chardonnay. Die Sorten Syrah (in Übersee: Shiraz), Merlot und Sauvignon blanc brauchten etwas länger, am längsten aber Pinot noir und Riesling, die beide an ihren Standort höchste Ansprüche stellen. Sie fühlen sich, mit wenigen Ausnahmen, im kühleren Klima Europas am wohlsten.

Cabernet Sauvignon

[kaberneh sowinjong]

- **Synonyme:** Bidure, Bordeaux, Bordeos tinto (Spanien), Lafite (Russland), Cabernet-Sovinjon, Sauvignon rouge
- **Herkunft:** ungeklärt; Südfrankreich oder Nordspanien
- **Verbreitung:** F-Bordeaux, Bulgarien, USA-Kalifornien, Chile, Australien, Rumänien, Italien, Südafrika, Spanien
- **Weinstil:** leicht und krautig bis reich, intensiv, komplex
- **Farbe:** dunkel bis tiefdunkel wie Schwarze Johannisbeere

Körper: kräftig, die Besten viel Tannin

Säure: recht hoch

Aroma: Cassis, Kirsche, Paprika

Essenspartner: feine Rind- und Lammgerichte

WISSENSWERTES: Die erfolgreichste aller Edelreben wird auch weltweit mit Abstand am häufigsten angebaut. Winzer und Weinfreund lieben sie: Sie ist unkompliziert im Weinberg, bringt überall, in mäßig kühlen wie warmen (sogar heißen) Regionen gute Qualität und verspricht in den besten Lagen Spitzenqualität bei gutem Ertrag. Die kleinen, hartschaligen, tiefdunklen Trauben trotzen vielen Krankheiten. Und können sie voll ausreifen, werden im Idealfall Weinträume aus dem beerig-würzigen Saft. Für den Bordeaux-Verschnitt (→ S. 107) liefert Cabernet Sauvignon den Körper und das unverwechselbare Johannisbeer- oder Cassis-Aroma. Wie kaum eine andere Rebsorte profitiert sie vom Ausbau im kleinen Eichenholzfässchen (Barrique). Die besten reinsortigen Cabernets kommen aus Übersee.

Chardonnay

[schardonä]

- **Synonyme:** Pinot Chardonnay, Morillon (A-Steiermark), Melon blanc, Gelber Weißburgunder (I-Südtirol)
- **Herkunft:** F-Burgund
- **Verbreitung:** Frankreich (Burgund, Champagne), Italien, Österreich, Kalifornien, Neuseeland, Australien, Ungarn
- **Weinstil:** frisch-fruchtig bis füllig-schmeichelnd
- **Farbe:** hell- bis honiggelb

Körper: mittel bis voll, manchmal alkoholstark

Säure: eher zurückhaltend

Aroma: Nuss, Keks, Vanille, Honig, Blumen, Mango

Essenspartner: helles Fleisch, Meeresfrüchte

WISSENSWERTES: Das weiße Pendant zum Cabernet Sauvignon ist ein Weltenbummler mit guter Anpassungsfähigkeit und breitem Qualitätsspektrum – Vorzüge, die weltweit zu massenhaftem Anbau, boomender Nachfrage und leider auch zu Unmengen langweiliger Weine geführt haben. Selbst Burgund blieb davon nicht verschont, obwohl die Traube in ihrer Heimat immer noch viele der allerfeinsten Tropfen hervorbringt. Chardonnay gehört zu den populärsten Weinen der Welt. Man mag seine sanfte Säure, sein dezentes Aroma und auch den oft höheren Alkoholgehalt, der eine gewisse Süße ins Spiel bringt. Es gibt ihn in zwei Varianten: frisch, leicht und fruchtig, oder – in allen Qualitätsstufen und Preisklassen – schwerer, mit Eichenholztouch und dem beliebten Aroma von Vanille, Honig und Karamell.

Merlot

[merloh]

- **Synonyme:** Merlot noir, Petit Merle, Vitralle, Crabutet, Bigney, Merlaut noir (Slowenien), Merlott (Italien)
- **Herkunft:** F-Bordeaux als Bigney rouge
- **Verbreitung:** F-Bordeaux (St-Emilion, Pomerol, Médoc), I-Friaul, CH-Tessin, USA (Kalifornien, Washington State)
- **Weinstil:** weich und saftig-fruchtig bis reich, füllig, rund
- **Farbe:** mittelrot bis dunkelkirschrot

Körper: mittel

Säure: niedrig

Aroma: Cassis, Brombeere, Kirsche, Pflaume, Paprika

Essenspartner: Wild, Schmorgerichte, Hartkäse

WISSENSWERTES: Der Name soll sich von *merle* (frz. Amsel) ableiten, weil diese Vögel die süßen, saftigen Beeren besonders lecker finden. Überhaupt ist der Merlot eine der schmackhaftesten Sorten überhaupt und auch bestens für den Ausbau in Eichenholz geeignet. Ein sanfter Verführer mit wenig Säure und herrlich beerig-süßem Mundgefühl – ganz anders als der kräftige, tanninreiche Cabernet Sauvignon. Doch beide zusammen im Mix, manchmal noch mit Cabernet franc als Drittem im Bunde oder ein bisschen Petit Verdot, haben als Bordeaux-Cuvée (→ S. 107) in der Rotweinwelt Maßstäbe gesetzt. Einen besonders hohen Merlot-Anteil haben die berühmten Weine aus St-Emilion und Pomerol. Die besten Übersee-Merlots wachsen im Südosten des US-Staates Washington und in Neuseeland.

Pinot noir

[pino noar]

- **Synonyme:** Spätburgunder, Blauburgunder, Pinot nero, Pignola (Italien), Klevner (Schweiz), Pinot tinto
- **Herkunft:** F-Burgund
- **Verbreitung:** Frankreich (Burgund, Champagne), Deutschland, Österreich, Norditalien, USA-Oregon, Neuseeland
- **Weinstil:** leicht und zart bis sinnlich-elegant
- **Farbe:** hagebuttentönig bis zartes Kirschrot

Körper: grazil bis mittel

Säure: frisch bis kräftig

Aroma: Himbeere, Erdbeere, Minze, Veilchen, Rose

Essenspartner: Kalb, Wild, mittelkräftiger Käse

WISSENSWERTES: Die wichtigste rote Starsorte des gemäßigten Klimas ist zugleich unsere älteste. Vermutlich von den Römern aus einer Wildrebe selektiert, erlebte der Pinot noir seinen Aufschwung in Burgund, wo er reinsortig als Basis aller roten Burgunder von den berühmten Lagen zwischen Beaune und Dijon Topqualität liefert – oder auch nicht. Leider hat die gestiegene Nachfrage selbst hier viel zu viele dünne und dennoch teure Weine hervorgebracht. Anders in Übersee: Unter kühlem Meereseinfluss nutzt man in Oregon und Neuseeland das Potenzial der Sorte und keltert immer feinere Qualitäten, die in ihrer Sinnlichkeit, Frische und Feinheit schon den großen burgundischen Vorbildern Konkurrenz machen. Eine ebenso wichtige Rolle spielt Pinot noir als feinste rote Basissorte im Champagner.

Riesling

[riesling]

- **Synonyme:** Klingelberger, Johannisberg Riesling (USA), Rheinriesling, Riesling renano bianco (Italien), Rizling
- **Herkunft:** vermutlich D-Oberrhein
- **Verbreitung:** Deutschland, Österreich, F-Elsass, Norditalien, Luxemburg, Russland, Ukraine, Australien, Kanada
- **Weinstil:** stählern bis erfrischend, elegant, komplex
- **Farbe:** hell grünlich über grünlich gelb bis goldgelb

Körper: zart bis sehr elegant und komplex

Säure: spritzig-frisch bis lebendig

Aroma: Apfel, Zitrone, Pfirsich, Grapefruit, Kräuter

Essenspartner: Fisch, Asia-Küche, pikanter Käse

WISSENSWERTES: Die empfindliche Sorte stellt hohe Ansprüche an Klima und Lage. Fühlt sie sich wohl, wurzelt auf mineralischen Böden und bekommt genügend Sonne zum Reifen (denn sie braucht lange dafür), so ist sie die Königin aller weißen Sorten: faszinierend und unnachahmlich, leicht, beschwingt und elegant im Körper, dabei sehr intensiv mit himmlischem Aroma und vibrierender Frische. Keine andere Rebsorte besitzt ihre Bandbreite. Vom feinfruchtigen trockenen Tischwein über Spitzengewächse mit vielschichtigem Charakter bis zu den feinsten edelsüßen Weinen (Beerenauslese, Trockenbeerenauslese, Eiswein) – Riesling kann alles. Das brachte ihm schon Anfang des letzten Jahrhunderts höchste Anerkennung ein, und seit neuester Zeit wieder. Er ist momentan der Star der Stars.

Sauvignon blanc

[sowinjong blong]

- **Synonyme:** Fumé blanc, Gros Sauvignon, Muskat-Sylvaner (Österreich), Pinot mestry bely (Russland)
- **Herkunft:** unbekannt, wahrscheinlich F-Bordeaux
- **Verbreitung:** Frankreich (Bordeaux, Loire), Ö-Steiermark, NZ-Marlbourough, Chile, Südafrika
- **Weinstil:** spritzig-aromatisch-lebhaft bis trocken-pikant
- **Farbe:** hellgelb mit grünlichen Reflexen bis hellgold

Körper: mittel

Säure: prickelnd, lebhaft, in Bordeaux sanfter

Aroma: grasig-pikant, Cassis, Muskat, exot. Früchte

Essenspartner: Fisch, Sushi, Ziegenkäse, Spargel

WISSENSWERTES: In Bordeaux bewurzelt die Sorte zwar viele tausend Hektar und bringt zusammen mit Sémillon einige große trockene, im Barrique gereifte Weißweine hervor. Doch zu viel Sonne tut ihr nicht gut, weil sie dann an Frische verliert, und so feiert sie ihre Toperfolge auf französischem Boden an der Loire, in den Regionen Sancerre und Pouilly-Fumé. Hier, auf vorzugsweise kalkhaltigen Böden mit Kies und Feuerstein, wachsen die Vorbilder, denen man in Österreichs Steiermark und beim Aufsteiger von der Südinsel Neuseelands nacheifert. Besonders dort, im Südpazifik, schwingt sich die Sorte unter strenger Ertragskontrolle zu einer Quintessenz aus knisternder Frische und exotischer Fruchtpalette auf – eine echte Bereicherung für die Weinwelt und ihrerseits das Vorbild für Chile und Südafrika.

Sémillon

[semijong]

- **Synonyme:** Sémillon Muscat, Boal, Chevrier, Colombier, Green Grape, Malaga, St-Emilion (Rumänien), Semilão
- **Herkunft:** wahrscheinlich F-Bordeaux (Sauternes)
- **Verbreitung:** F-Bordeaux (vor allem Sauternes, Barsac, Cadillac, Loupiac), Australien, Chile, Kalifornien
- **Weinstil:** ohne Holz: leicht, schlank; mit Holz: voll, reich
- **Farbe:** gelblich bis goldgelb schimmernd

Körper: mittel; edelsüß ausgebaut füllig bis fett

Säure: dezent

Aroma: Zitrone, Apfel, Aprikose, Honig, exotisch

Essenspartner: Kalb, Seefisch, Geflügel, Roquefort

WISSENSWERTES: Sémillon überzeugt eher im Team als reinsortig. Im weißen Bordeaux-Cuvée (→ S. 107) liefert er das Rückgrat und den Körper, während sein Lieblingspartner Sauvignon blanc Frucht und Lebendigkeit einbringt, gelegentlich unterstützt von der würzigen Muscadelle. Seine Stärken spielt der für Edelfäule besonders empfängliche Sémillon vor allem in den sinnlich-fülligen edelsüßen Dessertweinen aus Sauternes und Barsac aus; trockene Bordeaux-Weiße wie Péssac-Léognan oder Graves enthalten meist mehr Sauvignon blanc. Außer in Bordeaux wird Sémillon noch in Australien ernst genommen (aber ohne Akzent geschrieben). Bevor Chardonnay alles überrollte, war er hier sogar die Nummer eins – wie vor langer Zeit auch in Südafrika. In Chile erbringt er eher einfache Weine.

Syrah

[sira]

- **Synonyme:** Shiraz (Übersee), Schiras, Sirac, Syra, Sirah, Entournerein, Marsanne noir, Balsamina (Argentinien)
- **Herkunft:** vermutlich die prähistorische Stadt Schiraz
- **Verbreitung:** Frankreich (v. a. Nordrhône, dann Südrhône, Coteaux du Languedoc), Australien, Südafrika
- **Weinstil:** leicht pfeffrig, elegant bis kraftvoll-würzig
- **Farbe:** mittleres Brombeerrot bis tintig

Körper: mittel bis vollmundig und tanninreich

Säure: mittel bis lebendig

Aroma: Brom-, Heidelbeere, Schokolade, Pfeffer, Teer

Essenspartner: Grillfleisch, Schmorgerichte, Wild

WISSENSWERTES: Syrah und Shiraz – eine Rebsorte, zwei Namen, zwei Weinstile. Von der Nordrhône – Hermitage, Côte-Rôtie, Crozes-Hermitage, St-Joseph, Cornas – verführt sie mit elegant-mineralischer, extraktreich-würziger Kraft und ist der Maßstab aller Syrah-Weine aus kühleren Regionen. Als Shiraz, von der Sonne Australiens oder Südafrikas verwöhnt, eroberte sie die Weinwelt mit beerig-schokoladensüßer, warm-weicher sinnlicher Intensität; mit Barriqueausbau auch leicht rauchig mit dem Duft nach Trüffeln und Gewürzen des Orients. So unterschiedlich sie auch sind, so genießen beide Stile inzwischen höchste Anerkennung, sei es reinsortig, sei es im Cuvée zusammen mit Cabernet Sauvignon und Merlot (so eher in Übersee) oder mit Grenache und Carignan (an der Südrhône und im Languedoc).

DIE AUFSTEIGER

Grauburgunder

Jede dieser zwölf Rebsorten verfügt über herausragende Qualitäten. Dennoch haftet ihnen immer noch der Ruf gewisser bäuerlicher Unbedarftheit an. Man traut ihnen, sehr zu Unrecht, die Noblesse einer Topsorte noch nicht ganz zu. Doch gerade diese Mischung aus regionaler Erdverbundenheit und ihren oft bewiesenen qualitativen Fähigkeiten fasziniert und bereichert das Spektrum unserer heutigen Weinwelt ungemein.

Viel Potenzial

Den Olymp des Weines zu erklimmen und vielleicht sogar einen Stammplatz zu erobern, dürfte das Ziel eines jeden Aufsteigers sein. Alle zwölf Sorten dieses Kapitels sind auf dem besten Weg dorthin. Sie stammen aus verschiedenen Ländern und Regionen, wo sie oft recht lange ein mehr oder weniger verstecktes Dasein führten – darunter Sorten wie Nebbiolo (Piemont), Sangiovese (Toskana), Tempranillo (Rioja, Ribera del Duero, Portugal) und Cabernet franc (Bordeaux, Loire). Erst die moderne Weinbereitung küsste sie wach, und viele feiern heute in den wärmeren Klimata der Neuen Welt ihren Aufstieg – manche, wie Zinfandel (Kalifornien) oder Malbec (Argentinien), durch Stiländerung.

Andere Sorten profitierten von einer Trendwende im Geschmack. Ähnlich wie einst der Riesling kämpfte auch die Chenin-blanc-Traube lange um verdiente Anerkennung. Ihr Problem: eine knackige Säure in Zeiten softer Chardonnays. Heute zählt sie gerade wegen ihrer Säure (und ihren vielen anderen Fähigkeiten) zu den Gewinnern.

Der Viognier genoss zwar in seiner Heimat Condrieu an der Nordrhône schon immer höchste Achtung, nicht aber international – bis die Rebe im Languedoc-Roussillon, in Kalifornien und in Australien eine neue Heimat fand.

Einige andere blieben ihrer europäischen Heimat treu, wie Silvaner, Weiß- und Grauburgunder oder Gewürztraminer. Ihnen brachte die Lust auf so genannte Terroirweine den Aufstieg. Nach all den neutralen Langweilern im Einheitsstil, die wie Chardonnay überall gedeihen, begannen Ende der Neunziger aufmerksame Winzer, ihre angestammten Sorten mit ihren unverwechselbaren Eigenschaften wieder neu zu entdecken. Die Besten erfreuen sich heute steigender Nachfrage, manch andere Regionalsorte wird noch folgen.

Cabernet franc

[kaberneh frong]

- **Synonyme:** Breton (F-Loire), Grosse-Vidure (F-St-Emilion, Pomerol), Bouchet, Trouchet noir, Bordo
- **Herkunft:** F-Bordeaux (Libournais)
- **Verbreitung:** Frankreich (Südwesten, St-Emilion, Fronsac, Bourg, Blaye, Loire), I-Nordosten, zunehmend in Übersee
- **Weinstil:** frisch-fruchtig bis aromatisch-komplex
- **Farbe:** helleres Kirschrot, manchmal dunkelkirschig

Körper: leicht bis mittelschwer

Säure: eher dezent

Aroma: Kirsche, Rote Johannisbeere, Kräuter

Essenspartner: Wildragout, Wurst, pikanter Käse

WISSENSWERTES: Die Rebe wird gern mit ihrem berühmten Verwandten Cabernet Sauvignon verglichen – und an ihm gemessen. Klar, sie verfügt nicht über dessen Power, Ausdruck und Alterungspotenzial, reift dafür aber früher und kommt mit kühlerem Klima sehr gut zurecht – ein unschätzbarer Vorteil und Rettung in unbeständigen, kalten Jahren, wenn der Cabernet Sauvignon nicht ausreift. Wer also an den Fähigkeiten des »kleineren Bruders« zweifelt, sollte einmal eine Flasche Château Cheval Blanc probieren, den weltbesten Wein auf Cabernet-franc-Basis. Erschwinglichere Tropfen von immer noch herausragender Qualität findet man an der Loire: dunkel, reich und komplex mit herrlicher Beerenfrucht in der Region Chinon, leichter und geschmeidiger mit feiner Frucht nebenan in Saumur-Champigny.

Chenin blanc

[schenä blong]

- **Synonyme:** Pineau de la Loire, Pineau d'Anjou, Blanc d'Anjou, Franche, Franc-Blanc, Steen (Südafrika)
- **Herkunft:** F-Anjou
- **Verbreitung:** F-Loire (Anjou, Tourraine), Südafrika, wenig in USA-Kalifornien und Argentinien
- **Weinstil:** extra trocken bis edelsüß-komplex
- **Farbe:** hellgelb bis zartes Goldgelb

Körper: duftig-leicht bis elegant-komplex

Säure: nervig

Aroma: Zitrone, Apfel, Aprikose, Quitte, Traube

Essenspartner: Fisch, Krustentiere, Ziegenkäse

WISSENSWERTES: Chenin blanc zählt zu den Sorten, die selten auf den ersten Schluck begeistern. Wie Riesling fordert sie heraus, präsentiert sich faszinierend vielgestaltig – von trocken bis edelsüß oder als Schaumwein. Dabei ist sie noch empfindlicher als Riesling und reagiert auf hohe Erträge oder schlechtes Wetter mit schwachem Körper und kantiger Säure. Schlechte Winzer versuchen vergeblich, dies mit Restsüße auszugleichen. Qualitätserzeuger überfordern sie nicht, kennen ihre Vorliebe für kalkhaltige Böden und werden belohnt mit Topqualität: in Savennières mit trockenen, mineralisch-komplexen Weinen, in Vouvray, an den Coteaux du Layon oder in Quarts de Chaume mit halbtrockenen bis hochedlen Dessertweinen, die uralt werden können. Auch Südafrika weiß diese Fähigkeiten immer besser zu nutzen.

Cabernet franc (→ S. 28)

Chenin blanc (→ S. 29)

Gewürztraminer *(→ S. 32)*

Grauburgunder *(→ S. 33)*

Gewürztraminer

[gewürztraminer]

- **Synonyme:** Traminer, Roter Traminer, Traminer rosso, Dreimänner, Traminer aromatico, Ranfoliza, Roz
- **Herkunft:** I-Südtirol (Tramin) oder altes Griechenland
- **Verbreitung:** Deutschland (Baden, Pfalz), F-Elsass, Österreich, I-Südtirol, Ungarn, Australien, USA, Spanien
- **Weinstil:** würzig-duftig bis intensiv aromatisch, barock
- **Farbe:** gelb bis dunkel goldgelb

Körper: voll bis wuchtig

Säure: dezent-frisch, eher zurückhaltend

Aroma: Rose, frische Traube, Zimt, exotisch

Essenspartner: Räucherfisch, Gans, Münsterkäse

WISSENSWERTES: Die Rebsortenkundler sind sich nicht ganz einig: Manche sehen im Gewürztraminer eine aromatischere Mutation des Traminers, andere finden keinen Unterschied. Für sie ist Gewürztraminer gleich Traminer, genauer gesagt die Spielart »Roter Traminer« mit rötlich schimmernder, kleinbeeriger Traube im Unterschied zum Weißen Traminer. Weltweit entstehen aus der Sorte sämtliche Weinstile von trocken bis edelsüß, doch mit sehr großen Qualitätsunterschieden. Auf Hitze reagiert sie mit hohen Alkoholwerten und Säureverlust, noch bevor sich ihr Aroma bildet. Im kühlen Klima reift sie langsam und verführt, früh geerntet, mit bezaubernd-duftigen Trinkweinen. Aus reifen Trauben gekelterte Weine können zu überschwänglich-betörenden Schönheiten mit üppiger Kraft heranwachsen.

Grauburgunder

[grauburgunder]

- **Synonyme:** Ruländer, Pinot gris, Pinot grigio, Tokay Pinot gris (F-Elsass), Malvoisie (Schweiz), Szürkebarát (Ungarn)
- **Herkunft:** F-Burgund
- **Verbreitung:** Deutschland (Baden, Pfalz, Rheinhessen) F-Elsass, Norditalien, CH-Wallis, Ungarn, USA-Oregon
- **Weinstil:** trocken-blumig bis aromatisch-schmelzig-reich
- **Farbe:** gelb bis goldgelb

Körper: mittel bis rund-füllig

Säure: niedrig

Aroma: reifer Apfel, Wiesenblumen, Mandel, Honig

Essenspartner: Pasta, Kalb, Geflügel, Forelle, Gouda

WISSENSWERTES: Seit der nahe Verwandte des Pinot noir hierzulande sein Image vom plump-süßen Ruländer zum trocken ausgebauten Grauburgunder änderte, geht's aufwärts. Welcher Weinstil in die Flasche kommt, wird bei dieser Sorte stark von Klima, Lage und besonders dem Lesezeitpunkt beeinflusst. Je früher die Ernte, umso spritziger, aber auch umso neutraler schmeckt schließlich der Wein, weil sich das Aroma noch nicht richtig entwickelt hat. Lässt man die Trauben länger reifen, gewinnen ihre Weine an Ausdruckskraft, Aroma und Körper. Diese herrlich-aromatischen, trocken oder leicht restsüß ausgebauten Weine sind vielseitige Essensbegleiter. Die edelsüße Variante, wie sie vor allem im Elsass als *vendange tardive* (Spätlese) vorkommt, ergänzt Desserts oder pikanten Käse.

Malbec

[mallbäck]

- **Synonyme:** Auxerrois (F-Cahors), Côt (F-Loire), Malbeck (Argentinien), Gros noir, Tinturin, Pressac (F-Bordeaux)
- **Herkunft:** vermutlich F-Cahors
- **Verbreitung:** Frankreich (Cahors, Südwesten, Bordeaux, Loire), Argentinien, Chile, Peru, Kalifornien, Australien
- **Weinstil:** rustikal-tanninreich bis würzig-kraftvoll
- **Farbe:** dunkelrot bis tintenschwarz

Körper: kraftvoll mit festem Tannin

Säure: mittel bis hoch

Aroma: Lorbeer, Brombeere, Trüffel, Gewürze, erdig

Essenspartner: Grill-, Schmor- und Pilzgerichte

WISSENSWERTES: Unter dem Synonym Pressac bewurzelte die Sorte bis zum großen Frost 1956 weite Flächen in Bordeaux, danach wurde sie vom fruchtigeren Merlot verdrängt. Heutzutage verschwinden die letzten Stöcke in den Regionen Blaye und Côtes de Bourg zugunsten alterungsfähigerer Sorten. Auch an der Loire ist sie als Cuvéepartner für Gamay schon fast verschwunden. In Cahors hingegen spielt sie mit den vorgeschriebenen 70 % im Cuvée die Hauptrolle. Hier, besonders auf den mageren, hoch gelegenen Kalkplateaus, fühlt sie sich am wohlsten und erbringt außergewöhnliche Weine – tintig schwarze Kraftprotze mit muskulös-würziger Intensität und guter Lebensdauer. Voll im Trend liegen die sanfteren, üppigen Malbecs aus Argentinien, wo die Rebe mehr Fläche bedeckt als in ganz Europa.

Nebbiolo

[näbjolo]

- **Synonyme:** Chiavennasca, Spanna, Spana, Lampia, Michet, Picotrendo, Picotener, Prugnet, Pugnet, Rose
- **Herkunft:** I-Piemont
- **Verbreitung:** Italien (vor allem Piemont und Aostatal, auch Lombardei), wenig in der Schweiz und in Kalifornien
- **Weinstil:** knorrig bis burgundisch-elegant
- **Farbe:** kirschrot bis ziegelrot

Körper: mittel mit knackigem Tannin

Säure: kantig bis frisch

Aroma: erdig, Kirsche, Pflaume, Kräuter, Rose

Essenspartner: Pasta, Trüffel, Wild, Schmorgerichte

WISSENSWERTES: Ohne die moderne Kellertechnik, in Kombination mit einem gewachsenen Lagenbewusstsein berühmter Pioniere des Piemont, hätte diese Sorte längst nicht solch einen Erfolg. Sie reift sehr spät; ihre Weine haben in der Jugend noch viele Ecken und Kanten. Es braucht Zeit und Geduld, bis sie sich runden und ihre hohe Säure und das trockene Tannin milder werden. Doch mit zunehmendem Alter entwickelt der Nebbiolo – wie Pinot noir – elegante, subtile Aromen, besonders aus den Toplagen der Bereiche Barolo und Barbaresco. In diesem Fall überzeugt er auch pur, ist einzigartig und unnachahmlich, ohne irgendwie dem internationalen Geschmack zu entsprechen. Im Verschnitt mit Cabernet Sauvignon und/oder Merlot tritt er heute sanfter auf, aber auch weniger einzigartig.

Malbec *(→ S. 34)*

Nebbiolo *(→ S. 35)*

Sangiovese (→ S. 38)

Silvaner (→ S. 39)

Sangiovese

[sannschiowese]

- **Synonyme:** Brunello, Morellino, Nielluccio (F-Korsika), Prugnolo gentile, Sangioveto grosso, Toustain (Algerien)
- **Herkunft:** vermutlich I-Toskana
- **Verbreitung:** Italien (Toskana, Emilia-Romagna, Umbrien, Abruzzen, Marken), USA-Kalifornien, Argentinien
- **Weinstil:** trocken-säuerlich bis fruchtig-elegant-komplex
- **Farbe:** leicht bis intensiv rubinrot

Körper: mittel

Säure: frisch

Aroma: Kirsche, Veilchen, Kräuter, Leder, Tabak

Essenspartner: Kalb, Wild, mittelkräftiger Käse

WISSENSWERTES: Die quantitativ wichtigste Rebsorte Italiens präsentiert sich vielgestaltig. Etwa 15 Klone dürften es sein, die in mehreren Regionen unter verschiedenen Namen unterschiedliche Qualitäten hervorbringen. Man unterscheidet zwei Familien: Der einfachere, kleinbeerige Sangiovese piccolo liefert im Norden eher leichte Weine, der Sangiovese grosso bringt mehr Qualität hervor. Zu ihm gehören die Toskanastars Brunello (Basis des Brunello di Montalcino), Prugnolo gentile (für den Vino Nobile) und der Sangiovese des Chianti-Gebiets mit dem Herzstück Chianti Classico zwischen Siena und Florenz. Auch Morellino di Scansano und Carmignano beruhen auf ihm. Man verschneidet ihn heute häufig mit Merlot oder Cabernet und macht ihn damit zwar fülliger, nimmt ihm aber auch die Eleganz.

Silvaner

[silwaner]

- **Synonyme:** Sylvaner, Frankenriesling, Johannisberger, Arvine grande, Gros-Rhin, Gamay blanc, Zeleny, Silvania
- **Herkunft:** ungeklärt – Transsilvanien oder Österreich
- **Verbreitung:** D (Rheinhessen, Franken, Pfalz), F-Elsass, CH-Wallis, Italien, Ungarn, Österreich, Kroatien, Russland
- **Weinstil:** zart-fruchtig-frisch bis saftig-nervig-komplex
- **Farbe:** hellgelb bis intensiv gelb

Körper: leicht bis voll

Säure: wenig bis erfrischend

Aroma: Apfel, Mandel, Heu, Gras, Pfirsich, erdig

Essenspartner: Geflügel, Gemüse, vor allem Spargel

WISSENSWERTES: Bis Ende der Sechzigerjahre die wichtigste Sorte Deutschlands, ist die Bedeutung des Silvaners seitdem stark zurückgegangen. Hohe Bodenansprüche und Frostempfindlichkeit gleicht die später als Müller-Thurgau, aber vor dem Riesling reifende Rebe durch Ertragssicherheit aus. Die Folge: Bis heute gibt es viele säurehaltige, flache Massenweine, die niemand mehr will. Bessere Qualitäten kommen da schon aus dem Elsass. Dabei kann's der Silvaner, aus dem bekannte Kreuzungen hervorgegangen sind (Morio-Muskat, Scheurebe, Rieslaner), auch in Deutschland viel besser – in Franken etwa, wo auf mageren, kalkhaltigen Böden bei geringem Ertrag Weine voller Kraft und Saft wachsen, oder in Rheinhessen, wo sie weniger erdig-mineralisch geraten, sondern mehr an Blumen und frische Früchte erinnern.

Tempranillo

[tempranijo]

- **Synonyme:** Aragonez, Tinta Roriz (Portugal), Cencibel, Tinto fino, Tinto del País, Ojo de Liebre, Ull de Llebre (E-Katalonien)
- **Herkunft:** vermutlich Spanien (Rioja)
- **Verbreitung:** Spanien (vor allem Rioja und Ribera del Duero), Portugal (Douro, Dão), Argentinien
- **Weinstil:** lebhaft-fruchtig bis elegant-kraftvoll, tanninreich
- **Farbe:** hagebuttentönig bis brombeerrot

Körper: schlank bis mittelkräftig

Säure: säurearm

Aroma: schwarze Beeren, Pflaume, Tabak, Schokolade

Essenspartner: Wurst, Lamm, Schwein, reifer Hartkäse

WISSENSWERTES: Er ist Spaniens Nummer eins, quantitativ wie qualitativ. Seitdem Spanien die moderne Kellertechnik für sich entdeckt hat, sind auch die meisten verkocht schmeckenden, ausgezehrten Langweiler mit grünem Tannin verschwunden. Der Aufbruch des Tempranillo in die Moderne begann in Ribera del Duero (wo er Tinto fino heißt), doch dauerte es seine Zeit, bis sich die Stiländerung durchsetzte. Widerstand kam vor allem von den Erzeugern im berühmten Nachbargebiet Rioja, wo die Traube traditionell mit Garnacha und Mazuelo das klassische Cuvée bildet (→ S. 111). Im modernisierten Mix ist auch Cabernet Sauvignon dabei, was nicht allen gefällt. Fest steht, dass Tempranillo (als Tinta Roriz auch in Portugal) Klasse hat – vom Trinkwein bis zum Spitzentropfen, mit oder ohne Holzfassreife.

Viognier

[wionjeh]

- **Synonyme:** Petit Viognier, Viogne, Vionnier
- **Herkunft:** unbekannt
- **Verbreitung:** F (Condrieu, Languedoc-Roussillon), USA-Kalifornien, Australien, Argentinien, Brasilien, Spanien
- **Weinstil:** vollmundig
- **Farbe:** intensiv goldgelb

Körper: voll

Säure: wenig

Aroma: getrocknete Aprikose, Birne, Honig, Quitte

Essenspartner: Frühlingsrollen, Huhn, asiatisch gewürztes Gemüse, Krabben, Hummer, Ziegenkäse

WISSENSWERTES: Diese Traube ist vielleicht auf dem besten Weg, ein Shootingstar zu werden. Ursprünglich standen nur ein paar Stöcke an der Nordrhône: in Condrieu, wo sie schon länger als Basissorte bekannt war (unter anderem des nur Insidern bekannten Château-Grillet), und an der Côte-Rôtie, wo sie mit 20 % Anteil zu manchem Rotwein ihr feines Aroma beisteuert. Inzwischen hat sich die robuste und ertragssichere Sorte nicht nur weiter südlich im Languedoc-Roussillon etabliert, sondern auch in Übersee, vor allem in Kalifornien. Ihr Erfolg beruht auf ihren Qualitäten: Sie bietet eine herrliche Kombination aus viel Extrakt, Charakter, wenig Säure und seidiger Struktur plus hohem Alkoholgrad. Um ihr Aroma zu entfalten, braucht sie volle Reife bei geringem Ertrag. Am besten schmecken ihre Weine jung.

Tempranillo *(→ S. 40)*

Viognier *(→ S. 41)*

Weißburgunder (→ S. 44)

Zinfandel (→ S. 45)

Weißburgunder

[weißburgunder]

- **Synonyme:** Pinot blanc, Pinot bianco, Clävner, Pinot Chardonnay, Chasselas dorato, Auvernat franco, Beli Pinot
- **Herkunft:** F-Burgund (Mutante des Pinot noir)
- **Verbreitung:** Norditalien, F-Elsass, Deutschland, Österreich, Luxemburg, Neuseeland, Ungarn, Moldawien
- **Weinstil:** fruchtig-elegant bis körperreich und rund
- **Farbe:** hellgelb bis goldgelb

Körper: mittel bis körperreich

Säure: lebendig-frisch

Aroma: Birne, Apfel, Nuss, Kräuter, Wiesenblumen

Essenspartner: Pilze, Spargel, Muscheln, Huhn, Gouda

WISSENSWERTES: Der Weißburgunder oder Pinot blanc, den man lange Zeit nicht vom Chardonnay unterschied, erfährt derzeit in Deutschland viel Anerkennung, vermutlich als Ergebnis einer gescheiterten Testphase mit Chardonnay, der hierzulande selten seine Bestform erreicht. Deutschland dürfte hier eine Ausnahme bilden: Harmonisch-trockene Weißburgunder-Spitzenweine mit tollem Körper, eleganter Säure und fein-fruchtigem Aroma können sich international messen. Große Weine bringt der Pinot blanc auch im Elsass hervor, wo er auch den Grundwein für den Crémant d'Alsace liefert. Wie alle Burgundersorten versteht sich Pinot blanc bei guter Reife prächtig mit dem Barrique. Doch auch ohne Holz, selbst als leichter Tafelwein, besitzt er Charme, ist frisch und geschmeidig – ein idealer Essensbegleiter.

Zinfandel

[sinfandel]

- **Synonyme:** Primitivo, Primativo, Plavac mali, Primaticcio
- **Herkunft:** ungeklärt
- **Verbreitung:** Italien, Kalifornien
- **Weinstil:** süßlich-weich bis kraftvoll-muskulös-reich
- **Farbe:** kirschrot bis brombeerschwarz

Körper: mittel bis ausladend

Säure: angenehm

Aroma: Cassis, Brombeere, Kirsche, Backpflaume, schwarzer Pfeffer, Muskatnuss

Essenspartner: Grillfleisch, Wild, deftiger Eintopf

WISSENSWERTES: Die Geschichte des seit 1851 in Kalifornien beheimateten Zinfandel ähnelt dem Märchen vom Aschenputtel. Die relativ starkwüchsige Sorte, die mit dem Nachteil behaftet ist, selbst innerhalb einer Traube ungleichmäßig zu reifen, produzierte fleißig Massenweine unterer, aber sehr beliebter Qualität – den rosigen, grässlich süßlichen White Zinfandel, auch Blush Wine genannt. Dann wurde ihr Potenzial erkannt, und ihre Weine stiegen zu den ausdrucksstärksten Tropfen Kaliforniens auf, gleichermaßen umjubelt von Weinmachern, Journalisten und Konsumenten. Kein Wunder, dass der Primitivo aus dem süditalienischen Apulien, erwiesenermaßen ihr Bruder, von dem Boom profitierte – heranreichen an die legendären »Zins«, köstlich-cremige Monster voll sinnlicher Kraft, konnte er nie.

DIE REGIONALEN

Dornfelder

Viele Rebsorten, die oft seit alters her nur in ihren angestammten Regionen wachsen, genießen mehr und mehr die Aufmerksamkeit qualitätsbewusster Winzer. Einige von ihnen haben das Potenzial, die Aufsteiger von morgen zu werden! Noch sind die meisten von ihnen unbekannt. Viele findet man nur in ihrer Region selbst oder allenfalls in den Regalen guter Weinfachhändler. Doch sie sind eine Bereicherung für die Weinwelt und immer eine Entdeckung wert.

Große Vielfalt

Weltweit etwa 2500 für den Weinbau zugelassene Rebsorten – welch eine Vielfalt! Einen winzigen Ausschnitt bietet die in diesem Kapitel getroffene Auswahl von 78 Sorten. Allesamt sind es regionale Trauben, die in ihren Heimatregionen Landschaft und Weinkultur geprägt haben und vielerorts bis heute bäuerlich geblieben sind.

Einige dieser Rebsorten haben ihre angestammten Plätze nie verlassen und wurzeln heute noch in ihren eng gefassten geographischen Zonen. Manche sind schwierig im Anbau, andere zu eigenwillig im Geschmack. Die anpassungsfähigsten unter ihnen haben es vielleicht bis zur überregionalen Anerkennung innerhalb ihrer Weinbauländer geschafft, oder sie leben, von Rebsortenkundlern noch unentdeckt, in neuen Gefilden. Auf jeden Fall sind die wenigsten dabei, wie Cabernet Sauvignon & Co. zu Weltenbummlern zu werden. Ob es einer Rebsorte überhaupt je gelingt, erkannt und gefördert zu werden, liegt in erster Linie am Engagement eines Winzers. Auch die Rebenzüchtung achtet stets auf förderungswürdige Sorten.

Wuchs- und Ertragskraft standen im Weinbau lange im Vordergrund; Hochleistungsreben, die man »melken« kann, waren gefragt. Inzwischen gelten andere Kriterien. Winzer, die ohne große Anstrengung verkaufen wollen – und das sind die meisten – suchen immer noch nach universellen Typen à la Chardonnay. Spitzenerzeuger dagegen achten eher auf das Terroir, eine gute Anpassung an die Lage und das örtliche Mikroklima. Mancher von ihnen wagt sich sogar an vergessene, weil schwierige Sorten, wie es der inzwischen verstorbene Rheingauer Bernhard Breuer mit der Rekultivierung der uralten Sorte Heunisch versuchte, einem Vorfahr unserer heutigen Kulturreben.

Agiorgitiko

[ajorgitiko]

- **Synonyme:** Aghiorghitiko, Aghiorgitiko, Mavro Nemeas, St-Georgs-Rebe, Mavroudi Nemeas, Nemea
- **Verbreitung:** GR-Nemea (Peloponnes)
- **Weinstil:** samtig-fruchtig bis ausdrucksvoll-intensiv
- **Farbe:** helles bis schwärzlich dunkles Kirschrot
- **Weine:** Nemea

Körper: körperreich

Säure: sanft

Aroma: Kirsche, mediterrane Kräuter, Pflaume

Essenspartner: Lamm, Ziege, Schafskäse, geschmortes oder gegrilltes Gemüse

BESONDERHEITEN: Agiorgitiko dient als Basissorte leichter, angenehm fruchtiger Rosés wie auch – in Hochlagen oberhalb 450 m wachsend – körperreicher, ausdrucksstarker und (im Cuvée mit Cabernet Sauvignon) eleganter Weine. Nicht zu verwechseln mit der Herkunftsbezeichnung »Agioritikos«!

Aglianico

[alljaniko]

- **Synonyme:** Uva Aglianico, Guanico, Guanica, Gagliano, Uva dei Cani (Hundstraube)
- **Verbreitung:** Italien (vor allem Basilikata und Kampanien, wenig in Kalabrien und Apulien)
- **Weinstil:** frisch
- **Farbe:** rubinrot
- **Weine:** Aglianico del Vulture, Taurasi

Körper: mittel bis kraftvoll-komplex-füllig

Säure: angenehm

Aroma: Waldbeere, Schokolade, Gewürze, Nüsse

Essenspartner: gegrillter Fisch, Grillgemüse, Pasta mit pikanter Tomatensauce, Rind, Pilzgerichte

BESONDERHEITEN: Die früh reifende, qualitativ unterschätzte Sorte stammt ursprünglich (7. Jh. v. Chr.) aus Griechenland, liebt vulkanische Böden und bringt dort extraktreiche Weine hervor, die 1 bis 2 Jahre im Holzfass reifen.

Albariño

[albarinjo]

- **Synonyme:** Alvarinho (Portugal)
- **Verbreitung:** E-Rías Baixas, P-Minho
- **Weinstil:** fruchtig-elegant bis würzig-füllig
- **Farbe:** hellgelb bis sonnengelb
- **Weine:** Rías Baixas, Vinho Verde, Ribeiro

Körper: mittel bis füllig

Säure: elegant

Aroma: Zitrone, Apfel, Nektarine, Melone, Blumen

Essenspartner: Artischocken, Spargel, Geflügel, feinwürzige Fischgerichte, eingelegtes Gemüse

BESONDERHEITEN: Als eine der Rebsorten des eher leichten Vinho Verde blieb ihr der Durchbruch verwehrt. Als reinsortig gekelterter Rías Baixas mit geschmacksintensiven, charaktervollen Weinen bekam sie auch international Anerkennung.

Aligoté

[aligoteh]

- **Synonyme:** Aligotary, Blanc des Troyes, Chaudenet gras, Giboudot blanc, Griset blanc, Plant gris, Vert blanc
- **Verbreitung:** F-Burgund, Rumänien, Bulgarien, Russland Ukraine, Moldawien, Georgien, Kasachstan, Aserbaidschan
- **Weinstil:** sehr trocken bis kräftig-frisch
- **Farbe:** hell- bis mittelgelb
- **Weine:** Bourgogne Aligoté, Kir (Aperitif mit Cassislikör)

Körper: mittel

Säure: kräftig, manchmal kantig

Aroma: Nussaromen, Apfel, Heublumen, Blütenhonig

Essenspartner: Quiche Lorraine, Geflügel mit cremigen Saucen, Zwiebelkuchen, gedünsteter Fisch

BESONDERHEITEN: Der ideale Basiswein für den Aperitif Kir, versüßt mit einem Schuss Cassislikör. Hierzu passt die typische trocken-kantige Säure der Traube, die auch den Erfolg in Osteuropa erklärt. Im Süden Burgunds setzt man eher auf die bessere Qualität von alten Stöcken und guten Lagen.

Arinto

[arinto]

- **Synonyme:** Arintho, Arinto-Cerceal, Pedernão (Vinho Verde), Pedernã, Arinto do Douro, Arinto Miudo, Cerceal
- **Verbreitung:** Portugal
- **Weinstil:** frisch-anregend bis elegant-komplex
- **Farbe:** helles Sonnengelb
- **Weine:** Bucelas, Alenquer, Bairrada, Vinho Verde

Körper: mittel

Säure: pikant

Aroma: zitronig, Pfirsich, Zitruszeste (gereift)

Essenspartner: gedünsteter oder gegrillter Fisch, Blattsalat, Sushi, Taboulet, Austern, Weichkäse

BESONDERHEITEN: Die uralte, mit deutlicher Säure ausgestattete Weißweinsorte ist mit etwa 75 % im Bucelas-Cuvée vertreten. Sie kann gut altern und legt dabei, gelegentlich auch unterstützt durch kurze Reife im Holzfass, an Finesse und Komplexität zu.

Arneis

[arnäis]

- **Synonyme:** Barolo bianco, Bianchella di Alba
- **Verbreitung:** I-Piemont (Langhe und Roero), Australien
- **Weinstil:** duftig-leicht bis saftig und leicht exotisch
- **Farbe:** zartes Strohgelb
- **Weine:** Roero Arneis und Langhe Arneis

Körper: mittel

Säure: gering, höher in der Roero-Region

Aroma: Mandel, Birne, floral, Banane, Ananas

Essenspartner: Salat von Schalen- und Krustentieren, Süßwasserfisch, Geflügel, Gemüseantipasti

BESONDERHEITEN: Vor langer Zeit zähmte sie im Cuvée manch robusten Barolo. Seit 1990 von Topwinzern wiederentdeckt, überzeugt sie auch reinsortig – trocken oder restsüß (Passito) ausgebaut – mit ansprechenden Qualitäten.

Assyrtiko

[assirtiko]

- **Synonyme:** Arcytico, Assirtico, Asurtico
- **Verbreitung:** Griechenland (Santorini, Attika, Chalkidike, Drama)
- **Weinstil:** langlebig, mineralisch mit Substanz
- **Farbe:** mittleres Goldgelb
- **Weine:** Côtes de Meliton, Santorini

Körper: mittel

Säure: kräftig

Aroma: mineralische Noten, Lindenblütte, Birne

Essenspartner: Fisch, leichte Fleischgerichte

BESONDERHEITEN: Die Mineralität, die hohe Säure trotz ihrer heißen Anbauzone und letztlich die enorme Länge ihrer Weine am Gaumen macht sie zu einer der weißen Topsorten Griechenlands; dazu trägt ebenso ihr enormes Alterungspotenzial bei.

Baga

[baga]

- **Synonyme:** Baga de Louro, Poeirinha, Povolide Paga Dividas, Gonçalveira, Pretinho, Preto Rifete, Rifete, Rosete, Tinta bairradinha, Tinta da Bairrada, Tinta fina
- **Verbreitung:** Portugal (Bairrada, Dão, Ribatejo)
- **Weinstil:** fest mit viel Frucht und Tannin, mit zunehmender Reife immer eleganter
- **Farbe:** brombeerschwarz
- **Weine:** Bairrada, Mateus rosé (im Cuvée)

Körper: kräftig

Säure: hoch

Aroma: Schwarzkirsche, Cassis, Pflaume, Kakao

Essenspartner: Wurst, Wild, Schwein, Schafskäse

BESONDERHEITEN: Die extrem dickschalige Traube, die wichtigste im Bairrada, kann mit ihrem herrlichen Cassisduft, ihrer Säure und dem kräftigen Tannin exzellent sein.

Barbera

[babera]

- **Synonyme:** Barbera d'Asti, Barbera d'Alba, Barbera del Monferrato
- **Verbreitung:** Italien (Piemont, Lombardei, Emilia-Romagna) Argentinien, USA-Kalifornien
- **Weinstil:** beerig-frisch bis fleischig-intensiv
- **Farbe:** mittleres bis dunkles Kirschrot
- **Weine:** Barbera d'Alba, Barbera d'Asti, Monforte d'Alba

Körper: mittel

Säure: hoch

Aroma: Kirsche, Brombeere, Himbeere, Pflaume, Schokolade, erdige Aromen

Essenspartner: Antipasti, Spaghetti Bolognese, Lasagne, Parmaschinken, Salami, Ziegenkäse

BESONDERHEITEN: Giacomo Bologna und weiteren Topwinzern verdankt das ehemalige Aschenputtel seinen Aufstieg vom tanninarmen, säuerlichen Bauernwein zur würzig-aromatischen Schönheit, der neues Holz gut steht.

Blauer Portugieser

[blauer portugieser]

- **Synonyme:** Portugais bleu, Kékoporto (Ungarn), Kraljevina, Portugaljka, Portugizac crni (Kroatien), Vöslauer
- **Verbreitung:** Deutschland, Österreich, Ungarn, Rumänien, Nordkroatien, Südfrankreich
- **Weinstil:** einfach und dünn bis süffig
- **Farbe:** hagebuttentönig bis leichtes Kirschrot
- **Weine:** Portugieser, Vöslauer, Badener (beide Österreich)

Körper: leicht

Säure: säurearm

Aroma: leichtes Beerenaroma, Erdbeere, Kräuter

Essenspartner: milde Wurst, milde Käsesorten wie Gouda oder Rohmilchweichkäse, Schnitzel

BESONDERHEITEN: Der im Anbau problemlose Massenträger bringt in der Regel langweilig-dünne Weine hervor, die oft noch restsüß abgefüllt werden. Vielen gefällt's, in Deutschland und Österreich ist er noch stark verbreitet.

Blaufränkisch

[blaufränkisch]

- **Synonyme:** Lemberger (Deutschland), Kékfrankos (Ungarn), Limberger, Crna frankovka, Frankonia, Gamé
- **Verbreitung:** Österreich, Deutschland, Ungarn, Kroatien, Tschechien, Bulgarien, USA
- **Weinstil:** elegant-fruchtig bis rassig-gehaltvoll
- **Farbe:** mittleres bis dunkles Brombeerrot
- **Weine:** Blaufränkisch, Lemberger, Kékfrankos

Körper: mittel

Säure: markant

Aroma: Kirsche, Brombeere, Blaubeere

Essenspartner: Ochsenschwanz, Lamm, Rumpsteak, Leber, Wild, Pilzgerichte, milder Käse

BESONDERHEITEN: In ihrer Heimat Österreich präsentiert sich die robuste, ertragreiche Rebe in Topform, vor allem im Burgenland im Barrique ausgebaut. Auch ein württembergischer Lemberger von einer warmen Lage und aus der Hand eines Topwinzers kann sich sehen lassen.

Bobal

[bobal]

- **Synonyme:** Carignan d´Espagne, Espagnol, Provechón, Tinto de Requena, Tinto de Zurra, Valenciana tinta
- **Verbreitung:** Spanien (Utiel-Requena, Alicante)
- **Weinstil:** leicht und süffig
- **Farbe:** tiefdunkel
- **Weine:** Bobal Rosado (mit Garnacha)

Körper: leicht

Säure: kräftig

Aroma: Schwarzkirsche

Essenspartner: Wurst, milder Käse, Tortilla

BESONDERHEITEN: Meist nur zu Traubenmostkonzentrat verarbeitet oder wegen ihrer Farbe und frischen Säure mit Garnacha verschnitten, kann die Bobal eigentlich mehr, wie die Weine der Region Utiel-Requena nahe Valencia zeigen.

Carignan

[karinjong]

- **Synonyme:** Carignane (USA), Carignano (Italien), Sams, Cariñena (Spanien), Mazuelo (E-Rioja), Crujillon
- **Verbreitung:** Frankreich (Languedoc-Roussillon, Südrhône), Spanien (Rioja, Costa Brava, Priorat, Tarragona), Italien (Sardinien, Latium), USA-Kalifornien, Algerien, Mexiko
- **Weinstil:** rustikal-streng bis kraftvoll mit würziger Fülle
- **Farbe:** tiefdunkel
- **Weine:** Côtes du Roussillon, Côtes du Rhône, Côtes du Ventoux, Carignano del Sulcis

Körper: mittel bis kräftig und tanninreich

Säure: hoch

Aroma: rote und schwarze Früchte, Wild, Kräuter

Essenspartner: Grillwurst, Schaschlik, Kebab, Lamm, Schmorgerichte, Linsen, Morcheln, Trüffel

BESONDERHEITEN: Die mengenmäßig weltweit viertwichtigste Traube, oft Strukturgeber für weichere Sorten, kann von alten Reben mit winzigen Erträgen herausragende Qualität liefern. Kohlensäurevergorene *(macération carbonique)* Weine sind fruchtiger, lebendiger, geschmeidiger.

Carmenère

[karmenär]

- **Synonyme:** Grande Vidure, Cabarnelle
- **Verbreitung:** Chile, wenig in Kalifornien und Bordeaux
- **Weinstil:** vollmundig-geschmeidig
- **Farbe:** dunkelviolett
- **Weine:** Almaviva, Seña, Primus, Clos Apalta, Triple C

Körper: rund

Säure: niedrig

Aroma: Brombeere, Pflaume, Paprika, Sojasauce

Essenspartner: Ente, Gans, würzige Grilladen

BESONDERHEITEN: Die pilzanfällige Sorte, einst in Bordeaux sehr wichtig, stand in Chile lange unerkannt (und mit ihnen verwechselt) zwischen Merlot-Reben. Ihre Weine verbinden im Idealfall Frucht mit geschmeidigem Körper.

Cinsaut

[sennsoh]

- **Synonyme:** Cinsault, Chainette, Hermitage (Südafrika), Salerne, Calabre, Ottavianello (Süditalien)
- **Verbreitung:** Frankreich (Languedoc, Côtes du Rhône, Châteauneuf-du-Pape, Provence), Südafrika, I-Apulien
- **Weinstil:** fruchtig und mild bis leicht und elegant
- **Farbe:** hagebuttentönig
- **Weine:** Châteauneuf-du-Pape, Provence rouge

Körper: mittel und sanft

Säure: gering

Aroma: nussig (Mandeln), Kirsche, Brombeere

Essenspartner: Schinken, Wurst, Huhn, Grillfleisch

BESONDERHEITEN: Sein kräftiges Aroma und seine Geschmeidigkeit verleihen einem Cuvée mit Grenache und Carignan Harmonie und Frucht, mildern Bitterkeit und harte Tannine. Besonders geeignet in trockenen Gebieten.

Colombard

[kolombar]

- **Synonyme:** Colombar, Columbard, French Colombard
- **Verbreitung:** Frankreich (Gascogne, Bordeaux), Südafrika, USA-Kalifornien
- **Weinstil:** aromatisch-fruchtig
- **Farbe:** strohgelb
- **Weine:** Vin de pays des Côtes de Gascogne

Körper: leicht

Säure: frisch

Aroma: Nektarine, Pfirsich, Limone

Essenspartner: Süßwasserfisch, Quiche, pikante Fischsuppe (Bouillabaisse), Taboulet, Pute

BESONDERHEITEN: Die moderne Kellertechnik, besonders die temperaturgesteuerte Vergärung im Edelstahltank, trug entscheidend dazu bei, dass aus den wenigen Stärken dieser Sorte – kräftige Säure und ein besonders fruchtiges Aroma – eine Erfolgsstory werden konnte.

Cortese

[kortese]

- **Synonyme:** Cortese dell' Astigliano, Fernanda bianca, Raverusto
- **Verbreitung:** Italien (Piemont, Lombardei [Oltrepò Pavese], Venetien)
- **Weinstil:** fruchtig und säurereich
- **Farbe:** grüngelb
- **Weine:** Gavi, Gavi di Gavi, Cortese dell´Alto Monferrato, Colli Tortonesi, Bianco di Custoza

Körper: leicht

Säure: hoch

Aroma: Limone, Zitrone, Blütenhonig

Essenspartner: Süßwasserfisch mit Zitronensauce

BESONDERHEITEN: Weit überschätzt im Vergleich zu Arneis und Favorita, den besseren Weißweinsorten des Piemont, boomte der Cortese als Gavi di Gavi vom Weingut La Scolca. Davon profitierten auch alle anderen Gavis.

Corvina

[korwina]

- **Synonyme:** Corvina gentile, Corvina nera, Corvina veronese, Corvinone, Cruina
- **Verbreitung:** Italien (Venetien, Lombardei, Gardasee), Argentinien
- **Weinstil:** duftig-leicht und finessenreich, wenig Tannin
- **Farbe:** schönes Rubinrot
- **Weine:** Valpolicella, Bardolino, Amarone della Valpolicella, Recioto della Valpolicella, Ripasso

Körper: mittel

Säure: elegant

Aroma: Mandel, Süßkirsche, Reineclaude

Essenspartner: Sommersalat mit gegrilltem Fisch, Pute, Vitello tonnato, Gemüse-Antipasti

BESONDERHEITEN: Im Trio mit der robusten Rondinella und der freundlich-molligen Molinara sorgt sie als Hauptsorte von Valpolicella und Bardolino für Finesse und Duftigkeit.

Dolcetto

[dolltschetto]

- **Synonyme:** Dolsin, Dolsin nero, Ormeasco (I-Ligurien), Douce noire (F-Savoyen), California Charbono
- **Verbreitung:** Italien (Piemont, Ligurien), Argentinien, F-Savoyen, USA-Kalifornien
- **Weinstil:** fröhlich-fruchtig bis beerig-intensiv
- **Farbe:** rubin- bis purpurrot
- **Weine:** Dolcetto d'Alba, Dolcetto d'Asti, Dolcetto di Dogliani, Dolcetto di Ovada

Körper: mittel

Säure: sanft

Aroma: Mandel, Süßkirsche, Süßholz, Pflaume

Essenspartner: würzig-scharfe Gerichte wie Chili con carne, Pasta all'arrabbiata, Pizza, Pfeffersalami

BESONDERHEITEN: Der »kleine Süße« (ital. Dolcetto) schmeckt jung am leckersten. Sein geringer Tanningehalt lässt ihn nicht besonders gut altern. Weine von ertragsreduzierten Toplagen haben mehr Rückgrat, halten länger durch und profitieren zudem vom Ausbau im kleinen Eichenfass (Barrique).

Dornfelder

[dornfelder]

- **Synonyme:** keine
- **Verbreitung:** Deutschland
- **Weinstil:** zart-fruchtig bis würzig-markant
- **Farbe:** dunkelrot bis blaurot
- **Weine:** Dornfelder

Körper: mittel

Säure: kräftig

Aroma: je nach Reife Sauer- oder Süßkirsche,

Essenspartner: Schnitzel, Wurst, Kaninchen, Pizza

BESONDERHEITEN: Die ertragreiche Sorte ist pflegeleicht und widerstandsfähig gegenüber Pilzkrankheiten. Sie kommt selbst in Lagen zur Reife, wo Sorten wie Pinot noir schwächeln. Aber vor allem – ihre Weine schmecken und eignen sich zudem für den Ausbau im Holzfass.

Elbling

[elbling]

- **Synonyme:** Weißer Elbling, Kleinberger, Alben, Elben, Grobriesling, Großriesler, Welschel, Räifrench (Luxemburg), Gros blanc, Burger (F-Elsass, Schweiz), Alva
- **Verbreitung:** D-Mosel-Saar-Ruwer, Luxemburg
- **Weinstil:** herb bis fein-fruchtig
- **Farbe:** blassgelb
- **Weine:** Elbling (Obermosel), Elblingsekt

Körper: leicht bis mittelkräftig

Säure: rassig bis sehr knackig

Aroma: grüner Apfel, Weinbergpfirsich, Zitrone

Essenspartner: Spargel, Tofu, Sellerie, Forelle

BESONDERHEITEN: Die Römer brachten sie an die Mosel, lange war sie Nummer eins in Luxemburg. Im Mischsatz mit anderen Reben sorgte sie für enormen Ertrag. Wenn die Zähmung der hohen Säure gelingt, ist gute Qualität möglich.

Feteascǎ

[fetjaska]

- **Synonyme:** Feteascǎ albǎ: Leányka, Mädchentraube, Fetiaska; Feteascǎ regalǎ: Királyleányka
- **Verbreitung:** Bulgarien, Moldawien, Rumänien, Ungarn, Ukraine
- **Weinstil:** aromatisch und mild
- **Farbe:** helles bis mittleres Gelb
- **Weine:** Cotnari (Feteascǎ albǎ), Schaumwein (Feteascǎ regalǎ)

Körper: mittel

Säure: wenig

Aroma: Aprikose, Traube, Pfirsich, Muskat

Essenspartner: Süßwasserfisch

BESONDERHEITEN: Neben den weißen Spielarten Feteascǎ albǎ und Feteascǎ regalǎ (Neuzüchtung) gibt es auch die rote Feteascǎ neagrǎ, die an Mourvèdre erinnert. Alle sind echte Osteuropäer. Die Weißen werden gern restsüß ausgebaut.

Furmint

[furmint]

- **Synonyme:** Kiraly Furmint, Nemes Furmint, Tokaisky, Moslovac bijeli, Sipon (Kroatien), Gelber Moster, Zapfner
- **Verbreitung:** Ungarn (Tokaj-Hegyalja, Mecsekalja)
- **Weinstil:** harmonisch-frisch bis feurig-komplex-süß
- **Farbe:** sonnengelb bis goldgelb
- **Weine:** Tokajer (Cuvée mit Hárslevelű und Muscat blanc à petits grains), Tokaji Furmint

Körper: voll bis komplex

Säure: hoch

Aroma: Zitrone, Lindenblüte, Limette, Orange

Essenspartner: asiatisch-pikantes Gemüse

BESONDERHEITEN: Furmint wird trocken *(száras)* oder halbsüß *(félédes)* ausgebaut. Schon seit Jahrhunderten erfährt sie als Hauptrebsorte des berühmten, aus edelfaulen Trauben gekelterten Tokajers allerhöchste Anerkennung.

Gamay

[gamä]

- **Synonyme:** Bourguignon noir, Gamay noir à jus blanc, Gamay rond, Game, Olivette, Frankinja crna, Goamez
- **Verbreitung:** vor allem F-Beaujolais; auch F-Loire, Italien, Schweiz (Wallis, Waadt), Bulgarien, USA-Kalifornien
- **Weinstil:** leicht-säuerlich bis frisch-elegant-fruchtig
- **Farbe:** hellpurpur mit violetten Reflexen
- **Weine:** Beaujolais, Gamay de Touraine, Dôle, Salvagnin

Körper: leicht bis mittelschwer

Säure: frisch

Aroma: Banane, Veilchen, Erdbeere, Kirsche

Essenspartner: Roastbeef, fetter Kuhmilchkäse, Tatar, Wiener Schnitzel, Coq au Vin, Schinken

BESONDERHEITEN: Als Hauptrebsorte des Beaujolais Primeur, In-Getränk der Achtzigerjahre, wurde er berühmt. Weit aufregender und echte Entdeckungen sind die köstlich-fruchtigen, meist eleganten Weine der zehn Cru-Lagen.

Garganega

[garganega]

- **Synonyme:** Gargana, Lizzana, Ostesona
- **Verbreitung:** Italien (Venetien; wenig in Friaul und in Umbrien)
- **Weinstil:** geradlinig-unkompliziert bis trocken-elegant
- **Farbe:** helles Goldgelb
- **Weine:** Soave (überwiegend), Recioto di Soave, Bianco di Custoza und Gambellara (bei beiden im Cuvée)

Körper: leicht

Säure: spritzig

Aroma: Wiesenblumen, Apfel, Birne

Essenspartner: Gemüseterrine, Meeresfrüchtesalat, helles Fleisch mit leichten Saucen, Sommersalate

BESONDERHEITEN: Garganega plus etwa 30 % Trebbiano gibt Soave, Venetiens berühmtester Wein, auch in den Qualitätsversionen Soave Classico und Soave Superiore.

Garnacha

[garnatscha]

- **Synonyme:** Grenache noir, Abundante, Alicante, Tocai rosso, Cannonau (I-Sardinien), Tinto aragones, Tinto menodo, Roussillon, Garnaccia, Grenash crni (Slowenien)
- **Verbreitung:** Spanien, Südfrankreich, Süditalien
- **Weinstil:** samtig-trocken bis aromatisch mit Restsüße
- **Farbe:** dunkles Rubinrot mit granatroten Reflexen
- **Weine:** Frankreich (Côtes du Rhône, Châteauneuf-du-Pape, Côtes du Roussillon, Banyuls), Spanien (Priorat, Rioja)

Körper: körperreich mit viel Alkohol

Säure: mild

Aroma: Pfeffer, Himbeere, Süßholz, Anis

Essenspartner: Ratatouille, Lamm, Grillfleisch

BESONDERHEITEN: Im Mix mit Syrah, Mourvèdre, Carignan, Cinsaut oder Cabernet Sauvignon spielt sie auch restsüß (Banyuls) eine vielgestaltige Hauptrolle. Im spanischen Priorat haben ihre Weine inzwischen Kultstatus erreicht.

Grenache blanc

[grenasch blong]

- **Synonyme:** Garnacha blanca, Garnatxa, Silla blanc
- **Verbreitung:** Frankreich (Côtes du Rhône, Roussillon, Châteauneuf-du-Pape), Nordspanien
- **Weinstil:** alkoholisch bis schmelzig-extraktreich
- **Farbe:** helles Goldgelb (oxidiert schnell)
- **Weine:** Châteauneuf-du-Pape Blanc (im Cuvée), Côtes du Rhône Blanc, Rivesaltes Vin Doux Naturel

Körper: füllig und schmelzig

Säure: sanft

Aroma: Rosmarin, Lavendel, Feige, Honig

Essenspartner: gegrillter Meeresfisch, Couscous mit Lamm, Rotbarbe, Hähnchencurry

BESONDERHEITEN: Die weiße Schwester der qualitativ erfolgreicheren Garnacha liefert üblicherweise den Körper im Cuvée mit beliebteren Sorten. Gekeltert aus alten Reben kann sie auch solo oder als Hauptsorte sehr beeindrucken.

Grüner Veltliner

[grüner veltliner]

- **Synonyme:** Grüner, Grünmuskateller, Manhardsrebe, Mouhardsrebe, Weißgipfler, Veltlin zelene, Zöldveltelini
- **Verbreitung:** Österreich (außer Steiermark), Ungarn, Kroatien, Rumänien, Slowakei
- **Weinstil:** pfeffrig-spritzig bis komplex-extraktreich
- **Farbe:** gelb mit grünen Reflexen
- **Weine:** Grüner Veltliner, Veltlini (Ungarn)

Körper: mittel

Säure: frisch bis komplex

Aroma: Peffer, Kräuter, Paprika, Zitrone, Honig

Essenspartner: Kalb, Kaninchen, würziger Fisch mit Kräutern, Grillhähnchen, Wiener Schnitzel

BESONDERHEITEN: Mit ihrem Spektrum von leicht, frisch und appetitlich bis kraftvoll-elegant, dem typischen »Pfefferl«-Aroma und dem enormen Alterungspotenzial zählt die »österreichischste« Sorte qualitativ zur Weltspitze.

Gutedel

[gutedel]

- **Synonyme:** Chasselas, Moster, Junker, Schönedel, Fendant (CH-Wallis), Perlan (CH-Genfer See), Dorin (CH-Waadt), Marzemina bianca, Biela pleminka praskava
- **Verbreitung:** Schweiz (Wallis, Waadt, Genfer See), D-Baden, F (Loire, Savoyen), Chile, Ukraine, USA-Kalifornien
- **Weinstil:** lebendig, leicht
- **Farbe:** gelbgrün
- **Weine:** Gutedel, Fendant, Dorin, Dézaley, Epesses

Körper: leicht

Säure: mittel bis lebendig

Aroma: Mandel, weiße Blüten, Blütenhonig

Essenspartner: Käsefondue, heller Fisch, Scampi, Languste, pochiertes Rindfleisch, Gruyère, Raclette

BESONDERHEITEN: Ihre Formenfülle lässt auf ein hohes Alter schließen. Vom schlichten Zechwein bis zum subtil-komplexen Tropfen mit hoher Lebensdauer von Toplagen (Kalk- oder Granitboden in der Schweiz) ist alles möglich.

Hárslevelű

[haarschlewelü]

- **Synonyme:** Lindenblättrige, Lipovina, Hachat Lovelin
- **Verbreitung:** Ungarn (Villány, Kunbaja, Baja), Slowakei
- **Weinstil:** zart aromatisch-elegant bis würzig-vollmundig
- **Farbe:** gelbgrün
- **Weine:** Debröi Hárslevelű, Tokaji Aszú

Körper: mittel bis körperreich

Säure: leicht

Aroma: Lindenblüte, Pampelmuse, würzig

Essenspartner: Kalbsbraten, Süßwasserfisch mit würzig-pikanter Sauce, Weichkäse

BESONDERHEITEN: Die nach ihrer Blattform benannte Rebe ist eine der besten ungarischen Weißweinsorten. Im Tokajer spielt sie nach Furmint die zweite Geige, sie verleiht ihm Körper und würzigen Geschmack.

Kadarka

[kadarka]

- **Synonyme:** Gamza (Bulgarien), Cadarca (Rumänien), Carca de Minis, Gimza, Nemes Kadarka (Ungarn)
- **Verbreitung:** Ungarn (Villány, Szekszárd), Österreich, Serbien (Wojwodina), Rumänien, Bulgarien
- **Weinstil:** körperreich mit Kraft und Tannin
- **Farbe:** dunkles Kirschrot
- **Weine:** Szekszárd Kadarka, Cadarca, Egri Bikavér

Körper: mittel

Säure: ausgeglichen

Aroma: Kirsche, Pflaume

Essenspartner: herzhaftes Paprikagulasch, Paprikawurst

BESONDERHEITEN: Die ehemals wichtigste Sorte des Stierbluts (Bikavér) wird zunehmend von Kékfrankos (Blaufränkisch) verdrängt. Die Kadarka reift spät und ist fäulnisanfällig, doch wenn die Trauben ihre volle Reife erlangen, sind ausdrucksvolle Weine von Spitzenqualität möglich.

Kerner

[kerner]

- **Synonyme:** keine
- **Verbreitung:** Deutschland (Pfalz, Rheinhessen, Württemberg)
- **Weinstil:** aromatisch-ausgeglichen
- **Farbe:** sonnengelb
- **Weine:** Kerner

Körper: mittel

Säure: angenehm

Aroma: Apfel, Birne, Wiesenblumen, Ananas

Essenspartner: pochierter Lachs, Forelle Müllerin, Wurstplatte, Hartkäse, Fisch- und Fleischpasteten

BESONDERHEITEN: Die Kreuzung (Trollinger x Riesling) steht bei Winzern hoch im Kurs, denn sie reift praktisch überall bei gleichmäßig guten Erträgen. Weinfreunde mögen sie, weil sie bei Ertragsbeschränkung dem Riesling ähnelt.

Lagrein

[lagrein]

- **Synonyme:** Lagrain, Lagarino, Langrina
- **Verbreitung:** I-Südtirol
- **Weinstil:** kraftvoll mit gut eingebundenem Tannin
- **Farbe:** tiefdunkel (Lagrein scuro)
- **Weine:** Lagrein scuro (Dunkel), Lagrein rosado (Kretzer)

Körper: gehaltvoll

Säure: mittel

Aroma: Pflaume, Brombeere, Weichselkirsche, Lakritze, Veilchen, Mokka

Essenspartner: Ochsenschwanz, Rinderbraten, Wild

BESONDERHEITEN: Südtirols älteste Rebsorte ist frostfest, ertragssicher und wird wegen ihrer dunklen Farbe gern verschnitten. Die gehaltvollsten Weine stammen aus Bozen und Gries in den Varianten rosé (Lagrein Kretzer) und rot (Lagrein Dunkel); die Roten profitieren vom Barriqueausbau.

Lambrusco

[lambrusgo]

- **Synonyme:** keine
- **Verbreitung:** Italien (Emilia-Romagna, Lombardei, Piemont, Trentino, Basilikata), Argentinien
- **Weinstil:** trocken-fruchtig oder als roter Schaumwein
- **Farbe:** helleres Kirschrot
- **Weine:** Lambrusco di Sorbara, Lambrusco Reggiano

Körper: robust

Säure: reichlich

Aroma: Süßkirsche, Banane, Veilchen

Essenspartner: Pizza, Pasta bolognese

BESONDERHEITEN: Ein Teil der Trauben wird zu leichten Rotweinen, der Großteil zu meist fruchtsüßem Spumante (Schaumwein) bzw. Frizzante (Perlwein) verkeltert.

Loureiro blanco

[lurrero blanco]

- **Synonyme:** Branco redondo, Dorado, Gallego dourado, Loureira, Marques, Marquez
- **Verbreitung:** P-Minho, E-Rías Baixas
- **Weinstil:** aromatisch-frisch
- **Farbe:** grüngelb
- **Weine:** Vinho Verde, Rías Baixas, Ribeiro

Körper: mittel

Säure: frisch

Aroma: Lorbeer, Zitrus, Grapefruit

Essenspartner: Gemüsesalat, Meeresfrüchte

BESONDERHEITEN: Loureiro-Weine von den Küstenregionen Portugals können einem jungen Riesling ähneln. Im Rías Baixas sorgt die Sorte für Biss und weniger Alkohol. Im Vinho Verde, im Mix mit Trajadura und Pedernã, bleibt sie bei manchmal zu hohen Erträgen unter ihren Möglichkeiten.

Macabéo

[macabäo]

- **Synonyme:** Maccabeu, Viura (E-Rioja), Lardot, Blanca de Daroca, Alacanon, Alcañol, Charas blanc, Maccabéo
- **Verbreitung:** Spanien (Rioja, Penedès, Tarragona, Navarra, Somontano, Rueda, La Mancha, Mallorca), Frankreich (Roussillon, Languedoc), Algerien, Marokko
- **Weinstil:** leicht und zart-fruchtig
- **Farbe:** strohgelb
- **Weine:** Cava, Tarragona, Rueda, Penedès Blanco, La Mancha Blanco, Côtes du Roussillon Blanc, Rivesaltes

Körper: leicht

Säure: dezent

Aroma: wenig, leicht floral und dezent fruchtig

Essenspartner: Salade niçoise, Muscheln, Paella, gegrillter Fisch, Fischsuppe (Bouillabaisse)

BESONDERHEITEN: Er hat kaum Frucht und verliert bei Vollreife schnell an Säure. Deshalb wird er als wichtigste Sorte für den weißen Rioja früh gelesen. Für ihn spricht seine Stabilität gegenüber Oxidation und ein guter Körper, von dem auch die Schaumweine (Cavas) aus Penedès profitieren.

Malvasia

[malwasija]

- **Synonyme:** Malvoisie, Malmsey, Malvasier, Malvasia del Chianti, Malvasia rossa, Malvasia candida, Blanca-Rioja
- **Verbreitung:** Italien, Spanien, P-Madeira
- **Weinstil:** duftig-leicht bis vollmundig-aromatisch
- **Farbe:** gelbgold bis goldfarben
- **Weine:** Malvasia Toscana, Madeira Malmsey

Körper: mittel bis ausgeprägt

Säure: dezent bis lebendig

Aroma: Pfirsich, Aprikose, Muskat, Schokolade

Essenspartner: Blauschimmelkäse, Fruchtdesserts

BESONDERHEITEN: Malvasia ist eher ein Sammelbegriff für viele Familienmitglieder, alles Abkömmlinge antiker Sorten, die aromatische Weine diverser Farbnuancen mit mehr oder weniger Säure hervorbringen – und einige mit viel Charakter.

Marsanne

[marsann]

- **Synonyme:** Avilleran, Grosse Roussette (F-Savoyen), Ermitage blanc (Schweiz), Hermitage blanc (CH-Wallis)
- **Verbreitung:** Frankreich (Rhône, Languedoc, Provence) CH-Wallis, Italien, Spanien, Australien, USA-Virginia
- **Weinstil:** extrakt- und körperreich
- **Farbe:** mittleres Goldgelb
- **Weine:** Hermitage Blanc, St-Joseph Blanc, Crozes-Hermitage Blanc, Vin de Pays d'Oc, Coteaux du Languedoc Blanc, Minervois Blanc, Ermitage, Bandol Blanc

Körper: reich und voll bis schwer

Säure: zurückhaltend

Aroma: Pfirsich, Zitrusfrüchte, Akazienhonig, Mandeln, Jasmin, Lindenblüte

Essenspartner: würziger Schweinebraten, Geflügel, Hummer, Languste, Brathähnchen, pikanter Käse

BESONDERHEITEN: Mit Roussanne ist sie die Topsorte der weißen Kraftpakete von der Nordrhône und verleiht inzwischen auch im Mittelmeerraum – reinsortig oder in Cuvées – mit Fülle und Aroma manchem Wein erst Charakter.

Melnik

[melnik]

- **Synonyme:** Chiroka Melnichka, Siroka Melniska
- **Verbreitung:** Bulgarien (Melnik)
- **Weinstil:** kraftvoll-tanninreich mit viel Reifepotenzial
- **Farbe:** dunkelpurpur
- **Weine:** Damianitza, Harsovo

Körper: kraftvoll und ausdrucksstark

Säure: frisch

Aroma: schwarze Beeren, Kirsche, schwarzer Pfeffer

Essenspartner: Wild, Schmorbraten, Grillfleisch, Schaschlik, Lamm mit Kräutern

BESONDERHEITEN: Melnik – Kurzform für Schiroka Melnischka Losa – wächst seit Urzeiten rund um die Stadt Melnik. Im Holzfass gereift, ähneln die kraftvoll-subtilen Weine mit pfeffriger Intensität gutem Châteauneuf-du-Pape.

Melon de Bourgogne

[melong de burgonje]

- **Synonyme:** Melon, Melon blanc, Muscadet
- **Verbreitung:** F-Loire (Sèvre-et-Maine, Coteaux du Loire, Côtes de Grand Lieu)
- **Weinstil:** leicht und frisch bis delikat *(sur lie)*
- **Farbe:** blassgelb
- **Weine:** Muscadet, Muscadet sur lie

Körper: leicht

Säure: spritzig

Aroma: Zitrus, grüner Apfel, salzig

Essenspartner: Austern, Meeresfrüchte

BESONDERHEITEN: Als Muscadet zu Austern hatte die eher schlichte, ertragreiche Sorte in den Siebzigern Erfolg. Die Leckersten reifen heute länger auf der Hefe *(sur lie)*.

Montepulciano

[montepulltschiano]

- **Synonyme:** Cordisco, Morellone, Primaticcio, Violone
- **Verbreitung:** Italien (Abruzzen, Marken)
- **Weinstil:** fruchtig-süffig bis aromatisch-gehaltvoll
- **Farbe:** dunkles Rubinrot
- **Weine:** Rosso Conero, Rosso Piceno (beide I-Marken), Montepulciano d'Abruzzo (I-Abruzzen)

Körper: mittel bis kräftig mit viel Tannin

Säure: reif

Aroma: Brombeere, Süßkirsche, Schokolade

Essenspartner: Pizza, Pasta mit Tomatensauce, eingelegte Tomaten, Antipasti, Schinken, Wurst

BESONDERHEITEN: Achtung, nicht verwechseln mit Vino Nobile di Montepulicano! Derartige Klasse erreicht die in Italien häufig angebaute Traube allenfalls als Rosso Conero. Alle anderen geben meist fruchtig-fröhliche Tischweine ab.

Mourvèdre

[murwädre]

- **Synonyme:** Monastrell (Spanien), Morastell, Balzac, Mataro (Übersee), Morastrell, Negria, Rossola nera
- **Verbreitung:** Frankreich (Südrhône, Provence, Languedoc-Roussillon, Spanien (Alicante, Almansa, Bullas, Jumilla, Yecla), Algerien, Tunesien, USA-Kalifornien
- **Weinstil:** robust bis wuchtig mit Potenzial und Tannin
- **Farbe:** brombeerrot
- **Weine:** Bandol Rouge, Côtes du Roussillon, Collioure

Körper: kräftig-kompakt

Säure: mittel

Aroma: Brombeere, Leder, Teer, Süßholz, Pfeffer, Gewürze, Thymian, dunkle Schokolade

Essenspartner: Wild, würzige Schmorgerichte (Rind, Lamm), Hase, Wintereintöpfe, Schafskäse

BESONDERHEITEN: Die weltweit am neunthäufigsten angebaute Sorte produziert hohe Alkoholgrade wenn sie voll ausreifen kann. Rechtzeitig geerntet, gelingen ausdrucksstarke, langlebige Weine, die durch Ausbau im kleinen Holzfass (Barrique) qualitativ zulegen.

Müller-Thurgau

[müller turgau]

- **Synonyme:** Rivaner, Riesling-Sylvaner, Rizlingzilvani
- **Verbreitung:** Deutschland, Schweiz, England, I-Südtirol, Luxemburg, Niederlande, Österreich, Slowakei, Ungarn
- **Weinstil:** süffig-leicht bis elegant-duftig
- **Farbe:** hellgelb mit grünlichen Reflexen
- **Weine:** Müller-Thurgau, Rivaner

Körper: leicht

Säure: mild

Aroma: Wiesenblumen, Muskat, Kräuter, Litschi

Essenspartner: Spargel, Forelle blau, Grüner Salat

BESONDERHEITEN: Ein Großteil des Ertrags der 1882 von Hermann Müller an der Weinbauforschungsanstalt Geisenheim gezüchteten Rebe endet in Deutschlands Exporthit, der pappig-süßen Liebfrauenmilch. Von qualitätsbewussten Winzern im Ertrag kontrolliert und entsprechend vinifiziert, können die Weine aber auch herrliche Essensbegleiter und Aperitifweine sein.

Muscat

[müskah]

- **Synonyme:** Moscato, Muskat, Muskateller, Moscatel
- **Verbreitung:** Südfrankreich, Italien (Piemont, Südtirol), Ungarn, Griechenland, Südafrika, Portugal, USA
- **Weinstil:** trocken-aromatisch bis würzig-edelsüß
- **Farbe:** gelbgold bis goldbraun
- **Weine:** Asti Spumante, Banyuls, Malaga, Maury, Moscato d´Asti, Muscat de Frontignan, Rivesaltes, Sherry, Tokajer

Körper: mittel

Säure: niedrig

Aroma: ausgeprägte Muskatnote, Rose, Honig, frische Trauben, Blüten, Grapefruit

Essenspartner: Melone mit Schinken, Kalb, weißer Fisch, Obstdessert, Blauschimmelkäse, Sauerkraut

BESONDERHEITEN: Von den zahlreichen weiß- bis rothäutigen Subvarietäten konnten sich vor allem drei durchsetzen: die edle Muscat blanc à petits grains, Muscat d'Alexandrie und Muscat Ottonel als die qualitativ schwächste.

Negroamaro

[negroamaro]

- **Synonyme:** Abbruzzese, Albese, Arrise, Jonico, Mangiaverme, Nero leccese, Nicra Amaro, Niuru Maru, Uva Cane
- **Verbreitung:** Süditalien, vor allem Apulien
- **Weinstil:** saftig-würzig bis kraftvoll
- **Farbe:** dunkles Rubinrot
- **Weine:** Brindisi Rosso, Salice Salentino, Copertino

Körper: voll, geschmeidig

Säure: elegant

Aroma: Cassis, Zimt, Schlehe, Maraschinokirsche

Essenspartner: würzige Fisch- und Fleischgrilladen, Wildschwein, marokkanisches Couscous

BESONDERHEITEN: Diese Sorte nimmt die südliche Sonne wundervoll auf. Warm, würzig und saftig schmecken die Roten, als Rosato (Rosé) vinifiziert, saftig-geschmeidig.

Nero d'Avola

[nero dawola]

- **Synonyme:** Calabrese d´Avola, Calabrese de Calabria, Calabrese di Noto, Calabrese Dolce, Calabrese Pittatelo
- **Verbreitung:** vor allem I-Sizilien, wenig in I-Kalabrien
- **Weinstil:** fruchtig-lebendig bis vollmundig
- **Farbe:** dunkelkirschrot
- **Weine:** Cerasuolo di Vittoria, Faro, Marsala; im Cuvée der Markenweine: Corvo, Duca Enrico, Regaleali

Körper: mittel bis intensiv

Säure: reif

Aroma: Schwarzkirsche, Pflaume, Pfeffer, Cassis

Essenspartner: Rinderschmorbraten, Steak

BESONDERHEITEN: Ihr Synonym Calabrese lässt zwar eine Herkunft aus Kalabrien vermuten, doch richtig wohl fühlt sie sich in Sizilien. Selbst die geringeren Qualitäten schmecken herzerfrischend lecker, und die besten, je nach Geschmack mit oder ohne Holztouch, einfach köstlich.

Palomino fino

[palomino fino]

- **Synonyme:** Listán, Listán de Jerez, Listão (Portugal)
- **Verbreitung:** Spanien (vor allem Jerez, auch Kanarische Inseln), Portugal, Argentinien, Australien, Kalifornien, Neuseeland, Zypern
- **Weinstil:** trocken-neutral
- **Farbe:** strohgelb
- **Weine:** Sherry Fino Manzanilla, Sherry Fino, Sherry Amontillado, Sherry Oloroso

Körper: leicht

Säure: frisch

Aroma: Mandel, reifer Apfel, Rosinen, Kräuter

Essenspartner: Tapas, Oliven, Salzmandeln, Speckpflaumen, Mousse au Chocolat (Amontillado)

BESONDERHEITEN: Gewachsen auf schneeweißem Kalkboden und vergoren von Florhefen, die nur in Jerez und im französischen Jura vorkommen, wird aus Palomino – zusammen mit etwas Pedro Ximénez und Moscatel – trockener bis süßer Sherry.

Parellada

[pareljada]

- **Synonyme:** keine bekannt
- **Verbreitung:** Spanien (Penedès, Cariñena, Costers del Segre)
- **Weinstil:** leicht, erfrischend
- **Farbe:** hellgelb
- **Weine:** Cava, Penedès Blanco, Costers del Segre Blanco

Körper: leicht

Säure: frisch-lebendig

Aroma: grüner Apfel, gelber Apfel, Zitrus

Essenspartner: Aperitif, Tapas

BESONDERHEITEN: Wie der Palomino beim Sherry ist die Parellada (bisher noch im umgekehrten Verhältnis) in der Region Penedès eine der drei Leitsorten für den spanischen Schaumwein Cava – und ihre Popularität wächst noch.

Petit Verdot

[petie werdoh]

- **Synonyme:** Verdot rouge, Carmelin, Bouton, Lambrusquet
- **Verbreitung:** F-Bordeaux, USA-Kalifornien, Chile, Australien (McLaren Vale)
- **Weinstil:** konzentriert-robust mit viel Tannin
- **Farbe:** dunkles Rubinrot
- **Weine:** im Cuvée von Château Margaux, Château Latour

Körper: kräftig

Säure: säuerlich bis markant

Aroma: Pfeffer, Cassis, Gewürze

Essenspartner: Rind, Wild, Trüffel

BESONDERHEITEN: Die Sorte gehört klassischerweise zum Bordeaux-Cuvée, ist dort aber relativ selten geworden. Ihre kleinen, dickschaligen Trauben reifen später als Cabernet Sauvignon, sind aber ebenso robust, widerstandsfähig gegenüber Fäule, sehr farbintensiv und ausgestattet mit strukturgebenden Tanninen – Vorzüge, die außer in Bordeaux auch in Übersee zunehmend Aufmerksamkeit wecken.

Pinot Meunier

[pino mönjeh]

- **Synonyme:** Müllerrebe, Schwarzriesling, Miller grape, Rana Modra Mlinaria, Noirin Enfariné, Farineux
- **Verbreitung:** Frankreich (Champagne, Loire), D-Württemberg
- **Weinstil:** fruchtig-unkompliziert
- **Farbe:** ziegelrot
- **Weine:** Champagner, Vin Gris, Schillerwein, Weißherbst

Körper: mittel

Säure: angenehm frisch

Aroma: Hagebutte, Apfel, Schlehe

Essenspartner: Schinkennudeln, würziger Käse

BESONDERHEITEN: Die edelste, wenn auch qualitativ geringste Rolle spielt sie im Champager-Trio mit Pinot noir und Chardonnay. Je günstiger ein Champagner, umso mehr Müllerrebe ist meist enthalten. In Württemberg steht sie auf Platz drei für angenehm fruchtige Rot- und Roséweine.

Pinotage

[pinotaasch]

- **Synonyme:** Kreuzung aus Pinot noir x Cinsaut (Letzterer wird in Südafrika auch Hermitage genannt)
- **Verbreitung:** Südafrika, Neuseeland, Zimbabwe, USA
- **Weinstil:** flach-fruchtig bis komplex-elegant-strukturiert
- **Farbe:** leichtes bis dunkles Kirschrot
- **Weine:** Pinotage

Körper: leicht bis gehaltvoll

Säure: mittel

Aroma: Lack, Maulbeere, Banane, gekochte Beere, Cassis, Himbeere, Pflaumen, Nelke, Zimt

Essenspartner: Hecht, Wildente, Reh, Roastbeef

BESONDERHEITEN: Für Südafrika ein echter Glücksfall. Solide im Anbau mit gutem Ertrag, flexibel im Ausbau und als Cuvéepartner, sorgte er bald nach dem Ende der Apartheid mit unverwechselbarem Stil für internationale Anerkennung.

Prosecco

[broseeko]

- **Synonyme:** Prosecco Balbi, Glera, Serprina, Tondo
- **Verbreitung:** Italien (Venetien, Friaul, Lombardei)
- **Weinstil:** zart-frisch, mildfruchtig und alkoholarm
- **Farbe:** strohgelb
- **Weine:** Cartizze, Prosecco, Prosecco di Valdobbiadene, Prosecco di Conegliano

Körper: leicht

Säure: frisch

Aroma: gelber Apfel, Birne, nussig, blumig

Essenspartner: Aperitif, Garnelen, Flusskrebs

BESONDERHEITEN: Eiskalt auf der Terrasse serviert, als Frizzante (Perlwein) oder edler als Spumante (Schaumwein) zur Frühlings- oder Sommerküche – einfach köstlich!

Refosco

[refosgo]

- **Synonyme:** Cagnina, Teran, Terrano, Refosk (Balkan), Mondeuse noire (nicht gesichert), Refosco del Terrano
- **Verbreitung:** I-Friaul, Slowenien, Kroatien, Griechenland
- **Weinstil:** säuerlich-fruchtig bis dicht und würzig
- **Farbe:** rubinrot bis violett
- **Weine:** Refosco, Ktima Mercouri (mit Mavrodaphne)

Körper: mittel, seltener kräftig

Säure: hoch, manchmal harsch

Aroma: Heidelbeere, Waldbrombeere, Pflaume, Kakao, Mandel, Lavendel, rosa Pfeffer, Schokolade

Essenspartner: Roastbeef, Vitello tonnato, Hase

BESONDERHEITEN: Die beste Subvarietät dieser Sorte, Refosco dal Peduncolo rosso, wird fast überall in Friaul angebaut, vor allem dort, wo ihre Resistenz gegenüber Fäulnis und Nässe Vorteile bringt.

Rkatsiteli

[rrkatziteli]

- **Synonyme:** Rkachiteli, Rkaciteli, Rkatiteli, Gruzinskii, Baiyu (China), Budashuri, Dedal, Koroleki, Tapolek
- **Verbreitung:** vor allem Georgien, Aserbaidschan, Russland, Bulgarien, Moldawien, Ukraine, Rumänien, China, Australien, USA (Finger Lakes)
- **Weinstil:** herb-würzig und kräftig, meist restsüß
- **Farbe:** gelbgold
- **Weine:** Rkatsiteli

Körper: mittel

Säure: hoch

Aroma: Aprikosen, Ananas, Zitrusfrucht

Essenspartner: würzig-pikante Gemüsegerichte, Kaninchen, Pute, Crêpes mit warmem Obst

BESONDERHEITEN: Die 5000 Jahre alte, reich tragende Sorte steht mengenmäßig weltweit an fünfter Stelle und ist enorm widerstandsfähig gegenüber Frost. Als wichtigste Traube der ehemaligen Sowjetunion und Bulgariens liefert sie gelegentlich trockene, meist aber restsüße Weine, teils aufgespritete Dessertweine sowie Destillate.

Roussanne

[rusann]

- **Synonyme:** Bergeron (F-Savoyen), Fromenteau, Roussette
- **Verbreitung:** F (Rhône, Châteauneuf-du-Pape, Languedoc, Savoyen), Italien (Ligurien, Toskana), USA, Australien
- **Weinstil:** aromatisch-erfrischend-komplex
- **Farbe:** gelbgold
- **Weine:** Hermitage Blanc, Crozes-Hermitage Blanc, St-Joseph Blanc, Châteauneuf-du-Pape Blanc, Vin de Pays du Gard, Montecarlo Bianco (Toskana), Le Sophiste (USA)

Körper: mittel

Säure: appetitlich-frisch

Aroma: Mandel, Birne, würzige Kräuter, Pfirsich

Essenspartner: Makrele, Aal, herzhaft-mediterrane Bohnensuppe, Ratatouille, Wurst, Schafskäse

BESONDERHEITEN: Im Anbau schwierig, dafür um einiges komplexer, frischer und auch ausdrucksstärker im Aroma als ihr beständiger Partner Marsanne. Im Mix ergeben die beiden Spitzenweine mit Kraft und Finesse von mediterranem Flair.

Saperavi

[saperawi]

- **Synonyme:** Saperavi Patara
- **Verbreitung:** Russland, Ukraine, Moldawien, Georgien, Kasachstan, Usbekistan, Tadschikistan, Kirgistan, Turkmenistan, USA (New York State), Kanada
- **Weinstil:** verschlossen-intensiv mit viel Tannin
- **Farbe:** dunkelrot bis violett
- **Weine:** Mukusani, Black Russian (USA)

Körper: fest

Säure: hoch

Aroma: Cassis, Waldbrombeere, Kräuter

Essenspartner: Grilladen, Wurst, Schmorgerichte

BESONDERHEITEN: Eine russische Rebsorte mit wahrhaft großartigem Potenzial, auch zur Alterung, der man sich vielleicht mehr annehmen sollte. Äußerst kälteresistent, sehr spät reifend, farb- und tanninstark wie sie ist, kann sie einem Cuvée enorm Rückgrat verleihen.

Savagnin

[sawanjeh]

- **Synonyme:** Heida (CH-Wallis), Gringet (F-Savoyen), Gentil blanc, Meunier blanc, Tramini feher (Ungarn)
- **Verbreitung:** Frankreich (Jura, Savoyen)
- **Weinstil:** stark aromatisch und langlebig
- **Farbe:** hellgold bis tiefes Gold
- **Weine:** Vin Jaune, Ayse (Schaumwein aus Savoyen)

Körper: mittel bis intensiv

Säure: lebendig

Aroma: Zitrone, Walnuss, Honig, braune Butter

Essenspartner: Mousse au Chocolat, Schokoladenkuchen, Apfelstrudel, Karamellpudding

BESONDERHEITEN: Die Sorte ist im französischen Jura für alle Weinvarianten zugelassen, doch solo die beste Wahl für den Vin Jaune, der wie Sherry mittels Florhefen vergoren wird.

Savatiano

[sawazjano]

- **Synonyme:** nicht bekannt
- **Verbreitung:** in ganz Griechenland, vor allem Attika und Mittelgriechenland
- **Weinstil:** trocken-schlicht bis süffig-harmonisch
- **Farbe:** sonnengelb
- **Weine:** Retsina, Anhialos (mit Roditis)

Körper: leicht

Säure: gering

Aroma: dezent Orange, Pfirsich

Essenspartner: rustikal-mediterrane Fischgerichte, frittiertes Gemüse, Artischocken, geschmorter Chicorée, Linsengerichte

BESONDERHEITEN: Die meistangebaute Weißweinsorte Griechenlands bringt, der Dürre trotzend, gleichmäßig hohe Erträge. Vor allem aber ist sie die Hauptsorte (verschnitten mit Roditis und Assyrtico) des berühmten Retsina, der durch Zugabe von Pinienharz sein typisches Aroma erhält.

Scheurebe

[scheurebe]

- **Synonyme:** Sämling 88, Dr. Wagnerrebe
- **Verbreitung:** Deutschland (Rheinhessen, auch Pfalz)
- **Weinstil:** aromatisch-lebendig
- **Farbe:** grüngelb
- **Weine:** Scheurebe QbA trocken, Scheurebe Spätlese, Scheurebe Auslese, Scheurebe Beerenauslese, Scheurebe Trockenbeerenauslese, Scheurebe Eiswein

Körper: mittel

Säure: nervig-anregend

Aroma: frische Trauben, Pampelmuse, tropische Früchte, weiße Johannisbeere

Essenspartner: Sushi, pikant-asiatische Wokgerichte, Paella mit Meeresfrüchten

BESONDERHEITEN: Die Kreuzung aus Silvaner x Riesling hat so viel Charakter, und doch ist sie ein Mauerblümchen. Auch bei hoher Reife bleibt sie delikat mit nervig-eleganter Säure. Unter Idealbedingungen bietet sie, besonders edelsüß ausgebaut, ein Feuerwerk exotischer Aromen.

St. Laurent

[sankt laurent]

- **Synonyme:** St-Laurent, Vavrinecke, Svatovrinecke (Tschechien), Laurenzitraube, Sentlovrenka (Kroatien)
- **Verbreitung:** Österreich, Deutschland, Kroatien, Tschechien
- **Weinstil:** süffig-leicht bis fruchtig-samtig-elegant
- **Farbe:** hagebuttentönig bis leichtes Kirschrot
- **Weine:** St. Laurent

Körper: leicht bis mittelschwer

Säure: frisch

Aroma: Weichselkirsche, Himbeere, Kirsche

Essenspartner: Tatar, Rinderbraten mit Rotkraut

BESONDERHEITEN: Im Idealfall gedeihen samtige Rotweine, die, ertragsreduziert, vom Holzausbau profitieren.

Tannat

[tannat]

- **Synonyme:** Bordeleza belcha, Moustrou, Bordelais
- **Verbreitung:** Südwestfrankreich (vor allem Madiran), Uruguay
- **Weinstil:** rustikal-tanninreich bis muskulös-kompelex
- **Farbe:** dunkelrot bis brombeerschwarz
- **Weine:** Madiran, Côtes de St-Mont, Béarn, Irouléguy, Tursan

Körper: kräftig mit deutlichem Tannin

Säure: frisch

Aroma: Brombeere, Himbeere, Leder, Teer, mediterrane Kräuter

Essenspartner: Fleischgerichte mit Trüffeln, Pilzgerichte, Ochsenschwanz, Schafskäse

BESONDERHEITEN: Ganz bestimmt hat der Sorte die moderne Kellertechnik gut getan, indem sie die ungeheure Tanninfülle und Adstringenz mäßigte, was früher nur durch Flaschenreife in den Griff zu bekommen war. In Uruguay gleicht das Klima manches aus – wie auch in Cuvées die starken Partner Cabernet Sauvignon und Merlot.

Teroldego Rotaliano

[teroldego rotaljano]

- **Synonyme:** Teroldego, Teroldigo, Tiraldega, Toroldola
- **Verbreitung:** I-Trentino
- **Weinstil:** lebendig-fruchtig
- **Farbe:** rubinrot
- **Weine:** Teroldego Rotaliano

Körper: mittel

Säure: lebendig

Aroma: Weichselkirsche, Brombeere, Maulbeere

Essenspartner: Pilzrisotto, Rinderschmorbraten mit Polenta, Spaghetti bolognese, Salami

BESONDERHEITEN: Er gefällt durch die Frucht und das sanfte Tannin, wenn der Winzer ihn ertragsmäßig im Zaum hält. Und er ist nie über die Grenzen des Trentino gekommen. Mit anderen Worten: die beste Spezialität der Region.

Tinta barroca

[tinta barroka]

- **Synonyme:** Boca de Mina, Tinta barocca, Tinta grossa
- **Verbreitung:** vor allem P-Douro, Südafrika
- **Weinstil:** vollmundig-saftig-delikat
- **Farbe:** dunkles Rubinrot
- **Weine:** Portwein

Körper: mittel

Säure: sanft

Aroma: Süßkirsche, Pflaume, reife Beeren

Essenspartner: Rinderrouladen, Eintöpfe, Wurst

BESONDERHEITEN: Die früh reifende Sorte, eine von fünf des Portweins, erfüllt selbst an Nordhängen und in höheren, kühlen Lagen die Erwartungen: vollreife Trauben mit delikat-saftiger Frucht und dunkler Farbe. Auch in Südafrika verwendet man sie gern für portweinähnliche Weine.

Tinta negra mole

[tinta negra mohl]

- **Synonyme:** Tinta Madeira, Tinta mole
- **Verbreitung:** P-Madeira, USA-Kalifornien, Australien
- **Weinstil:** mollig-süß
- **Farbe:** dunkles Granatrot
- **Weine:** Madeira

Körper: mittel

Säure: wenig

Aroma: Erdbeermus, reife Kirsche

Essenspartner: pikante Schmorgerichte

BESONDERHEITEN: Die Kreuzung Pinot noir x Grenache ist Madeiras Arbeitstier. Sie wird für die Herstellung einfacher Madeira-Weine verwendet, aber auch für samtig-fruchtige Tafelrotweine, die durchaus Spaß machen können.

Tinto Cão

[tinto kauo]

- **Synonyme:** Padeiro, Tinto Mata
- **Verbreitung:** Portugal (vor allem Douro, auch Dão)
- **Weinstil:** elegant-würzig mit komplexer Frucht
- **Farbe:** mittleres Rubinrot
- **Weine:** Portwein

Körper: mittel

Säure: ausgeglichen

Aroma: floral, Waldbeere

Essenspartner: Rind, Fasan, Wildente, Taube

BESONDERHEITEN: Tinto Cão wurde schon 1791 als eine der Toptrauben Portugals eingestuft. Die hitzeempfindliche Sorte erlebt zur Zeit eine Renaissance. Nur in kühleren Lagen entwickelt sie ihr Potenzial für vielschichtig-florale Frucht wie kaum eine der anderen vier Portweinsorten.

Tocai friulano

[tokai frijulano]

- **Synonyme:** Sauvignon gros, Tocai bianco, Tocai italico (I-Venetien), Trebbianello, Sauvignon vert (Chile), Sauvignonasse (Chile)
- **Verbreitung:** Italien (vor allem Friaul, auch Venetien), Chile, Slowenien, Argentinien
- **Weinstil:** leicht und blumig-frisch
- **Farbe:** hellgelb
- **Weine:** Bianco di Custoza, Breganze, Colli Euganei, Friuli Aquileia, Friuli Grave, Friuli Isonzo, Lison-Pramaggiore

Körper: leicht

Säure: angenehm frisch

Aroma: Mandel, grüner Apfel, gelber Apfel, leicht floral (Kamille)

Essenspartner: Antipasti, Gemüsequiche, Spargel, Zwiebelkuchen, Pilzrisotto

BESONDERHEITEN: Er hat weder mit dem ungarischen Tokajer etwas zu tun, noch ist er mit dem Tokay d'Alsace verwandt. Stattdessen hält man die Sorte für identisch mit dem in Chile beliebten Sauvignonasse oder Sauvignon vert.

Torrontés

[torrontess]

- **Synonyme:** Torontel (Chile), Torontés
- **Verbreitung:** Argentinien (La Rioja, Mendoza, San Juan, Rio Negro), E-Galicien, Chile
- **Weinstil:** trocken-kräftig und muskatartig
- **Farbe:** brillantes Gelb
- **Weine:** Ribeiro (Spanien), Torrontés (Argentinien)

Körper: mittelkräftig

Säure: kräftig, aber reif

Aroma: viel Muskat, Wiesenblume, Passionsfrucht

Essenspartner: mediterrane Fischküche (Dorade, Rotbarbe), helles Fleisch mit Kräutern, Manchego

BESONDERHEITEN: Von den drei Spielarten der bedeutendsten Weißweinsorte Argentiniens (die auch Destillate und Tafeltrauben liefert) ist die wichtigste Torrontés Riojano, benannt nach ihrer Anbauregion La Rioja (in Chile baut man sie unter dem Namen Torontel an), dann die weniger feine Torrontés Sanjuanino und als aromaschwächste die Torrontés Mendocino.

Touriga franca

[turiga franka]

- **Synonyme:** Touriga francesa, Albino de Souza, Rifete, Touriga (USA-Kalifornien), Tourigo frances
- **Verbreitung:** P-Douro, USA-Kalifornien
- **Weinstil:** duftig-fruchtig
- **Farbe:** mittleres Kirschrot
- **Weine:** Douro, Portwein

Körper: leicht bis mittel

Säure: sanft

Aroma: Himbeere, Cassis, blumig

Essenspartner: Schinken, Bohnensalat, Frikadellen Kartoffelgratin, Bratwurst, Appenzeller

BESONDERHEITEN: Die meistangebaute Sorte Portugals spielt auch im Portwein eine bedeutende Rolle: Sie ist für die beschwingte, fein-blumige Frucht im Cuvée zuständig.

Touriga nacional

[turiga nasjonall]

- **Synonyme:** Bical tinto, Mortagua, Mortagua preto, Preto mortagua, Touriga, Touriga fina, Tourigão, Tourigo antigo, Tourigo do Dão, Turiga
- **Verbreitung:** Portugal (Douro, Dão), Australien
- **Weinstil:** extrakt- und tanninreich
- **Farbe:** brombeerfarben
- **Weine:** Portwein, Ramos Pinto, Quinta do Crasto

Körper: kräftig

Säure: mittel

Aroma: Maulbeere, Kirsche, Brombeere, schwarzer Pfeffer, Leder, Rose, Veilchen

Essenspartner: Wild, Pilzgerichte, Ochsenschwanz

BESONDERHEITEN: Die Individualität dieser Sorte, ihre Fähigkeit, tanninreiche Spitzenweine mit toller Struktur und spannender Frucht hervorzubringen, hat sicher dem Weinland Portugal zu seiner heutigen Anerkennung verholfen.

Trebbiano

[trebjano]

- **Synonyme:** Procanico (I-Umbrien), Thalia (Portugal), Ugni blanc (Frankreich), Lugana (I-Venetien)
- **Verbreitung:** Italien, Frankreich, Portugal, Bulgarien, Griechenland, Russland, Argentinien, Brasilien, USA
- **Weinstil:** neutral bis erfrischend, leicht und fruchtig
- **Farbe:** hell- bis sonnengelb
- **Weine:** Lugana, Cassis (Provence), Trebbiano

Körper: leicht

Säure: frisch, manchmal kantig

Aroma: grüner Apfel, Zitrus, leicht würzig

Essenspartner: gegrillter, gebackener, frittierter Fisch, Pasta mit Muscheln, Gemüsepfanne

BESONDERHEITEN: Fast in jeder italienischen Region wurzelt eine andere Trebbiano-Variante. Trebbiano di Lugana steht qualitativ an der Spitze; seine Weine schmecken animierend aromatisch-frisch. Die meisten anderen sind eher neutral und eignen sich deshalb gut zum Brennen.

Trollinger

[trollinger]

- **Synonyme:** Vernatsch (I-Südtirol), Schiava (Italien), Großvernatsch, Schiava grossa, Black Hamburg, Modri Tirolan (Balkan), Chasselas de Jérusalem (Frankreich)
- **Verbreitung:** D-Württemberg, I-Südtirol
- **Weinstil:** dünn-belanglos bis kernig-herzhaft-fruchtig
- **Farbe:** blassrot bis leichtes Rubinrot
- **Weine:** Trollinger (rosé und rot), Schiava, Schiava grossa

Körper: leicht

Säure: frisch

Aroma: Schlehe, Sauerkirsche, Kräuter

Essenspartner: Spätzle mit Kalb, Polenta mit Pilzen, Linsensuppe, Risotto mit Radicchio

BESONDERHEITEN: Trotz aller Kritik – der Trollinger ist und bleibt der Schwaben liebster Tischwein, doch ist er, bis auf wenige Ausnahmen, meist von schlichter Qualität. Als süß-saftige Tafeltraube Black Hamburg kommt die Sorte gut an.

Verdejo

[werdecho]

- **Synonyme:** Verdejo palido
- **Verbreitung:** Spanien (vor allem Rueda, Cigales, Toro)
- **Weinstil:** trocken, aber gehaltvoll mit guter Struktur
- **Farbe:** hell sonnengelb
- **Weine:** Rueda

Körper: mittel bis füllig

Säure: harmonisch-frisch

Aroma: kräuterwürzig (Lorbeer), Anis, Nüsse, Honig, Zeder (im Holz gereift)

Essenspartner: gegrillte Meeresfrüchte, Krebs, Fenchelgemüse, Fischtatar (z. B. Schwertfisch)

BESONDERHEITEN: Ob solo oder mit Sauvignon blanc im Cuvée, mit oder ohne Eichenkontakt – seine köstlich-vollen Weine zählen zur absoluten Weißweinspitze Spaniens.

Verdicchio

[werdicjo]

- **Synonyme:** Giallo, Marchigiano, Mazzanico, Peloso, Trebbiano verde, Uva Aminea, Uva Marana, Verdone, Verzaro
- **Verbreitung:** I-Marken
- **Weinstil:** leicht und lebendig-anregend
- **Farbe:** strohgelb
- **Weine:** Verdicchio dei Castelli di Jesi, Verdicchio di Matelica

Körper: leicht bis mittel

Säure: frisch, auch leicht zitronig

Aroma: Apfel, Zitrone, Nüsse, mineralisch, Kiwi

Essenspartner: Meeresfrüchtesalat, gegrillter Fisch mit grünem Salat, Bulgur-Petersilien-Salat

BESONDERHEITEN: Verdicchio in der allseits bekannten Amphorenflasche ist möglicherweise eng mit der Sorte Trebbiano verwandt bzw. eine ihrer zahlreichen Spielarten. Ein Indiz dafür wäre ihre apfelig-frische Frucht.

Vermentino

[wermentino]

- **Synonyme:** Rolle, Malvoisie de Corse, Pigato
- **Verbreitung:** Italien (vor allem Sardinien, Toskana, Ligurien), Frankreich (Korsika, Languedoc-Roussillon)
- **Weinstil:** frisch bis füllig-lebendig mit Charakter
- **Farbe:** goldgelb
- **Weine:** Vermentino di Gallura, Vermentino di Sardegna, Riviera Ligure di Ponente, Colli di Luni, Cinque Terre

Körper: mittel bis kräftig

Säure: harmonisch-frisch

Aroma: Zitrone, Nüsse, mediterrane Kräuter wie Thymian, Lorbeer

Essenspartner: gegrillter Tintenfisch, Fischterrine

BESONDERHEITEN: Die wahrscheinlich von Madeira eingeführte Sorte wird vorwiegend in Sardinien angepflanzt, mit besten Ergebnissen in Hochlagen. Auch in Korsika, Ligurien, der Toskana und dem Roussillon (hier Rolle genannt) entwickelt sie ein appetitliches Aroma, Körper und Säure.

Vernaccia

[wernatscha]

- **Synonyme:** Bergamasca, Guarnaccia; Cerretana (rot)
- **Verbreitung:** Italien (Toskana, Marken, Sardinien)
- **Weinstil:** erfrischend-süffig bis üppig und sherryähnlich
- **Farbe:** strohgelb bis dunkel goldgelb
- **Weine:** Vernaccia di San Gimignano, Vernaccia di Serrapetrona, Vernaccia di Oristano

Körper: mittel bis üppig

Säure: harmonisch

Aroma: würzig-floral, Nüsse, Akazienhonig

Essenspartner: Gnocchi oder Ravioli mit Salbei, gegrillter Fisch (zu Vernaccia di San Gimignano)

BESONDERHEITEN: Unter dem Namen Vernaccia rangieren weiße und rote, verwandte und nicht verwandte Arten. Durchsetzen konnte sich Vernaccia di San Gimignano.

Welschriesling

[welschriesling]

- **Synonyme:** Grasevina (Kroatien), Laski Riesling (Slowenien), Olasz Rizling (Ungarn), Rizling vlassky (Tschechien), Riesler (Österreich), Riesling italico (Italien), Talianska Grasevina
- **Verbreitung:** Österreich, Italien (Friaul, Lombardei), Ungarn, Albanien, China, Slowenien, Russland, Tschechien
- **Weinstil:** neutral, leicht-fruchtig bis aromatisch
- **Farbe:** grüngelb
- **Weine:** Welschriesling, Riesling Italico

Körper: leicht

Säure: spritzig bis kräftig

Aroma: grüner Apfel, Zitrone, Aprikose

Essenspartner: Tafelspitz, Wiener Schnitzel mit Gurkensalat, Sauerkrautgerichte, Hechtklößchen

BESONDERHEITEN: Die Sorte profitiert von der Namensähnlichkeit mit dem Riesling, aber es besteht weder Verwandtschaft noch Ähnlichkeit – bis auf die knackige Säure, die bei Dessertweinen sehr angenehm sein kann.

Xynomavro

[xünomawro]

- **Synonyme:** Xinomavro, Mavro Naoussis, Popolka, Zynomavro, Niaoysa, Niaoystino, Naouses
- **Verbreitung:** in ganz Griechenland
- **Weinstil:** füllig-geschmeidig, manche tanninreich
- **Farbe:** brombeerdunkel
- **Weine:** Rapsani, Naoussa, Goumenissa, Amindeo

Körper: mittelkräftig

Säure: niedrig bis angenehm

Aroma: Kirsche, Waldbeeren, Erdbeere, Feige, Teer

Essenspartner: Wild, deftige Rinderschmorgerichte

BESONDERHEITEN: Auch wenn ihr Name übersetzt »Saurer Schwarzer« bedeutet, präsentiert sich die uralte und – vor allem im Norden – anbaustärkste Sorte Griechenlands (vermutlich ein Klon des Pinot noir) insgesamt freundlich. Fester sind die Besten aus Naoussa, die gut altern können.

Zweigelt

[zweigelt]

- **Synonyme:** Kreuzung aus St-Laurent x Blaufränkisch
- **Verbreitung:** Österreich (vor allem Burgenland)
- **Weinstil:** fruchtig-frisch bis harmonisch mit Biss
- **Farbe:** rubinrot mit violetten Reflexen
- **Weine:** Zweigelt

Körper: mittelkräftig

Säure: lebendig

Aroma: Herzkirsche, Pfeffer, Beerengelee

Essenspartner: Ochsenschwanz, Wildgeflügel

BESONDERHEITEN: Zweigelt zählt, dank Österreichs engagierter Winzer und moderner Technik, heutzutage zu den leckersten Alltagsweinen der nördlichen Hemisphäre. Das Gros schmeckt jung am besten, sie kann aber auch Weine mit Alterungspotenzial – auch im Barrique – hervorbringen.

DIE ÖKOREBSORTEN

Prior

Pilzwiderstandsfähige Rebsorten, kurz Piwis genannt, sind die Antwort engagierter Züchter auf die ertragsgefährdenden Pilzerkrankungen Oidium und Peronospora, den Echten und den Falschen Mehltau. Um sie unter Kontrolle zu halten, spritzen konventionelle Winzer bis zu zehnmal mit hochchemischen Antipilzmitteln, Ökowinzer verwenden Pflanzenstärkungsmittel, nicht immer mit dem gewünschten Erfolg. Piwis bieten also eine echte Chance, Rebe plus Umwelt auf natürliche Weise zu schützen.

Bronner

[bronner]

- **Züchtung:** Merzling x (Saperavi severnyi x St-Laurent)
- **Herkunft:** Züchtung 1975 von Dr. Norbert Becker, Staatliches Weinbauinstitut Freiburg (Baden)
- **Verbreitung:** D-Baden
- **Weinstil:** stoffig-kräftig
- **Farbe:** gelbgrün

Körper: stoffig

Säure: mittel

Aroma: Pfirsich, Apfel, Guave, Minze, Muskat

Essenspartner: gefüllte Ravioli mit Kürbis

BESONDERHEITEN: Extrem widerstandsfähig gegenüber Peronospora, sehr botrytisfest. Von guten Lagen und voll ausgereift, erinnert er an gut strukturierte Weißburgunder.

Cabernet Carol

[kaberneh karol]

- **Züchtung:** Cabernet Sauvignon x Solaris (= Merzling x (Saperavi severnyi x Muskat Ottonel))
- **Herkunft:** Züchtung 1982 von Dr. Norbert Becker, Staatliches Weinbauinstitut Freiburg (Baden)
- **Verbreitung:** Deutschland (im Versuchsanbau)
- **Weinstil:** füllig-stoffig-würzig mit viel Tannin
- **Farbe:** tiefdunkles Kirschrot

Körper: stoffig

Säure: mittel

Aroma: schwarze Beeren, Mokka, wilde Kräuter

Essenspartner: Roastbeef mit fruchtiger Sauce

BESONDERHEITEN: Reift später als Spätburgunder, ist gut widerstandsfähig gegenüber Oidium und Peronospora und schmeckt trotz hohem Tanningehalt reich und süßbeerig.

Cabernet Cortis

[kaberneh kortis]

- **Züchtung:** Cabernet Sauvignon x Solaris (= Merzling x (Saperavi severnyi x Muskat Ottonel))
- **Herkunft:** Züchtung 1982 von Dr. Norbert Becker, Staatliches Weinbauinstitut Freiburg (Baden)
- **Verbreitung:** Deutschland (im Versuchsanbau)
- **Weinstil:** kräftig-gerbstoffreich
- **Farbe:** dunkles Rubinrot

Körper: kräftig mit viel Tannin

Säure: mittel

Aroma: Cassis, Kräuter, schwarzer Pfeffer, Nelke

Essenspartner: Rindsroulade mit Rotkraut

BESONDERHEITEN: Erinnert im Aroma sehr an Cabernet und präsentiert sich auch am Gaumen ähnlich kraftvoll – nicht so elegant, dafür geschmeidig und eher südländisch.

Johanniter

[johanniter]

- **Kreuzung:** Riesling x (Seyve-Villard 12-481 x (Ruländer x Gutedel))

- **Herkunft:** Züchtung 1968 von Dr. Johannes Zimmermann, Staatliches Weinbauinstitut Freiburg (Baden)
- **Verbreitung:** Deutschland, Schweiz, Österreich
- **Weinstil:** fruchtig-füllig
- **Farbe:** grüngelb

Körper: rund und angenehm

Säure: mittel

Aroma: Apfel, Birne, Ananas, Anis, Aprikose

Essenspartner: Königsberger Klopse, Käsefondue

BESONDERHEITEN: Die sehr pilzwiderstandsfähige Sorte ähnelt dem Riesling (Mutter der Kreuzung) im Aroma, weniger im Körperbau. Dennoch ist sie eine der vielversprechendsten neuen Sorten mit Charakter und Ausdruck.

Merzling

[merzling]

- **Kreuzung:** Seyve-Villard 5-276 x (Riesling x Ruländer)
- **Herkunft:** Züchtung 1960 von Dr. Johannes Zimmermann, Staatliches Weinbauinstitut Freiburg (Baden)
- **Verbreitung:** Deutschland, Österreich
- **Weinstil:** fruchtig-stoffig
- **Farbe:** gelb bis goldgelb

Körper: mittel bis voll

Säure: reif

Aroma: reife Birne, nussig, Wiesenblütenhonig

Essenspartner: Würstchen mit Sauerkraut, Zwiebelkuchen, Fenchelgemüse

BESONDERHEITEN: Der Merzling ähnelt vom Typ dem Müller-Thurgau, besonders im gereiften Zustand, ist aber frostfester und reift früher als dieser.

Monarch

[monarch]

- **Züchtung:** Solaris (= Merzling x (Saperavi severnyi x Muskat Ottonel)) x Dornfelder
- **Herkunft:** Züchtung 1988 von Dr. Norbert Becker, Staatliches Weinbauinstitut Freiburg (Baden)
- **Verbreitung:** Deutschland (im Versuchsanbau)
- **Weinstil:** straff-fruchtig-komplex
- **Farbe:** dunkles Kirschrot

Körper: mittel

Säure: anregend-harmonisch

Aroma: Sauerkirsche, Himbeere, Lebkuchen, Milchschokolade,

Essenspartner: Rinderbraten mit Semmelknödeln

BESONDERHEITEN: Sehr widerstandsfähig gegenüber den beiden wichtigen Pilzerkrankungen; eine der qualitativ vielversprechendsten neuen Sorten überhaupt.

Prior

[prijor]

- **Züchtung:** (Joan Seyve 234-16 x Blauer Spätburgunder) x (Merzling x (Saperavi severnyi x St-Laurent))
- **Herkunft:** Züchtung 1987 von Dr. Norbert Becker, Staatliches Weinbauinstitut Freiburg (Baden)
- **Verbreitung:** Deutschland (im Versuchsanbau)

- **Weinstil:** elegant-fruchtig mit Nachhall
- **Farbe:** dunkelviolett

Körper: mittel bis elegant

Säure: mittel

Aroma: Sauerkirsche, Veilchen, Himbeere

Essenspartner: Sauerbraten mit Rotkraut

BESONDERHEITEN: Die Beeren der sehr pilzwiderstandsfähigen Sorte sind denen des Spätburgunders ähnlich, auch der Weintyp, deshalb sehr erfolgversprechend.

Regent

[regent]

- **Kreuzung:** Diana (= Silvaner x Müller-Thurgau) x Chambourcin
- **Herkunft:** Züchtung 1967 von Prof. Dr. Gerhardt Alleweldt, Institut Geilweilerhof, Siebeldingen (Pfalz)
- **Verbreitung:** Deutschland, Schweiz, Niederlande
- **Weinstil:** fruchtig-lebendig mit lebendigem Tannin
- **Farbe:** mittleres bis dunkles Kirschrot

Körper: mittel

Säure: mittel

Aroma: Blaubeere, Kirsche, Tabak, Himbeere

Essenspartner: Pizza Margherita, Roastbeef

BESONDERHEITEN: Er ist der Pionier, der Maßstab aller Piwis – im Anbau und als Weintyp erfolgreich. Er wird reinsortig wie auch im Cuvée oder im Holzfass ausgebaut.

DIE CUVÉES UND IHRE REBSORTEN

Für ein Cuvée – auch Verschnitt genannt – werden entweder Trauben verschiedener Sorten beziehungsweise deren Most vermischt und gemeinsam vergoren, oder aber schon vergorene Weine aus verschiedenen Jahrgängen, Rebsorten, Lagen oder Fässern gemixt. Die Auswahl ist meist gesetzlich geregelt, hängt aber in der Regel mehr vom persönlichen Stil eines Weinguts ab. Eine Assemblage bezeichnet den Verschnitt hochwertigster Grundweine, etwa beim Champagner.

Bordeaux

[bordoh]

- **Rebsorten (weiß):** Sauvignon blanc, Sémillon, Muscadelle
- **Rebsorten (rot):** Cabernet Sauvignon, Merlot, Cabernet franc, Petit Verdot, Malbec (selten)
- **Herkunft:** F-Bordeaux
- **Weinstil (weiß):** fruchtig bis elegant-komplex
- **Weinstil (rot):** fruchtig bis elegant-komplex-harmonisch
- **Farbe (weiß):** helles bis mittleres Gelbgold
- **Farbe (rot):** mittleres bis dunkles Rubinrot

Körper (weiß und rot): mittel bis körperreich

Säure (weiß): frisch bis mittel

Säure (rot): mittel

Aroma (weiß): Honig, Melone, Apfel, Passionsfrucht

Aroma (rot): Cassis, Tabak, Kakao, Brombeere

Essenspartner (weiß): Atlantikfisch, Austern

Essenspartner (rot): rotes Fleisch mit kräftigen Saucen, Wild, Ochsenschwanz, Gans, Ente, Trüffel

BESONDERHEITEN Unterschiedliche Rebsorten in einem Cuvée zusammenzustellen hat in Bordeaux sowohl für Weiß- als auch für Rotwein lange Tradition. Wie der Verschnitt jeweils ausfällt, hängt von der Güte des Jahrgangs und vom Geschmacksprofil eines Château ab. Generell kann man aber sagen, dass am linken Ufer des Flusses Gironde (Médoc, Pessac-Léognan, Graves etc.) die Hauptsorte Cabernet Sauvignon für den roten Bordeaux dominiert, am rechten Ufer (St-Emilion, Pomerol etc.) ist es der Merlot. Beim weißen Bordeaux herrscht die Sauvignon-blanc-Traube einheitlicher vor, die zweite Geige spielt der Sémillon.

Cava

[kawa]

- **Rebsorten:** klassisch: Parellada, Xarel-lo, Macabéo, modern: zunehmend Chardonnay und auch Pinot noir
- **Herkunft:** E-Cava
- **Weinstil:** neutral bis feinfruchtig, mineralisch, delikat
- **Farbe:** hellgelb

Körper: leicht

Säure: sanft

Aroma: Apfel, Wiesenkräuter, Blütenhonig, Mandeln

Essenspartner: Aperitif, Tapas mit Gemüse

BESONDERHEITEN: In Spanien heißen Schaumweine Cava (span. Keller). Die besten, nach der gleichen Methode wie Champagner bereitet, stammen aus dem katalanischen Penedès. Sie reifen vor dem Verkauf mindestens 9 Monate – Jahrgangs-Cavas 3 Jahre – im Keller; mit der Bezeichnung »Fermentación en botella« nur 2 Monate. »Vino gasificado« wird mit Kohlensäure aufgesprudelt.

Champagner

[schampanjer]

- **Rebsorten:** Chardonnay, Pinot noir, Pinot Meunier
- **Herkunft:** F-Champagne
- **Weinstil:** süß bis trocken-mineralisch-komplex
- **Farbe:** helles Gelb bis goldgelb

Körper: leicht bis volumig

Säure: frisch bis lebendig mit Nerv

Aroma: mineralisch, Blüten, Nuss, Biskuit

Essenspartner: Aperitif, Kaviar, Austern, Hummer, helles Fleisch mit frischen Saucen, Chaource

BESONDERHEITEN: Fast alle Champagner sind Cuvées aus Grundweinen verschiedener Jahrgänge, Weinberglagen und dreier Rebsorten. Je höher die Qualität (Cuvée Prestige, Jahrgangschampagner), umso weniger Pinot Meunier ist enthalten, dafür vor allem Pinot noir und/oder Chardonnay. »Blanc de Blancs« ist ein purer Chardonnay-Champagner.

Châteauneuf-du-Pape

[schatonöf-dü-pab]

- **Rebsorten:** rot: Grenache noir (Hauptsorte), Cinsaut, Counoise, Mourvèdre, Muscardin, Syrah, Terret noir, Vaccarèse; weiß: Bourboulenc, Clairette, Picardan, Picpoul, Roussanne
- **Herkunft:** F-Châteauneuf-du-Pape
- **Weinstil:** aromatisch bis vollmundig-würzig-komplex
- **Farbe:** dunkles Granatrot

Körper: voll

Säure: harmonisch

Aroma: dunkle Beeren, Gewürze, Olive, Teer, Trüffel

Essenspartner: Grilladen, Wild, Lammkeule mit schwarzen Oliven, Thymian, Rosmarin, Knoblauch

BESONDERHEITEN: Insgesamt 13 Rebsorten sind zugelassen. Die weißen werden fast nur für den weißen Châteauneuf-du-Pape verwendet; die meisten roten Sorten, außer Cinsaut, Syrah und Mourvèdre, unterstützen Grenache noir, der oft mehr als die Hälfte des roten Cuvées stellt.

Chianti

[kijanti]

- **Rebsorten:** rot: Sangiovese (Hauptsorte), Canaiolo nero, Mammolo, Cabernet Sauvignon, Merlot, Syrah; weiß: Trebbiano, Malvasia
- **Herkunft:** I-Toskana
- **Weinstil:** herb-lebendig bis konzentriert-tanninreich
- **Farbe:** hagebuttentönig bis dunkelgranatrot

Körper: mittel

Säure: kräftig bis abgerundet (mit Merlot, Syrah)

Aroma: Kirsche, Pflaume, erdig, Lorbeer, Kaffee

Essenspartner: Lasagne, Pizza, Hase, Wildschwein

BESONDERHEITEN: Das ausgedehnte Chianti-Gebiet unterteilt sich in die Unterzonen Colli Arentini, Colli Fiorentini, Colline Pisane, Colli Senesi, Montalbano, Montespertoli und Rufina. Herzstück ist das berühmte Chianti Classico zwischen Florenz und Siena. Sangiovese stellt mit mindestens 75 % den Löwenanteil im Cuvée, im Chianti Classiso teilweise sogar bis zu 100 %.

Portwein

[portwein]

- **Rebsorten (von 48 zugelassenen die wichtigsten):** rot: Touriga nacional, Touriga franca, Tinta Roriz, Tinta barocca, Tinta Cão;
weiß: Encruzado, Esgana Cão, Folgasso, Gouveio
- **Herkunft:** P-Douro
- **Weinstil:** süß-saftig bis elegant-finessenreich und füllig
- **Farbe:** rubinrot bis schokoladig-dunkel

Körper: mittel bis kraftvoll

Säure: mittel

Aroma: Süßkirsche, Schokolade, Gewürze, Kräuter

Essenspartner: Wildpastete, Hartkäse, Schokolade

BESONDERHEITEN: Bei der Portweinherstellung wird die Gärung des Weins durch die Zugabe von Branntwein unterbrochen. Der Stil – z. B. Ruby, Tawny oder Vintage Port – wird von der Reifezeit jeweils im Fass und danach in der Flasche bestimmt. Entscheidend für die Qualität eines Ports sind aber auch die Rebsorten im Cuvée.

Rioja

[rijocha]

- **Rebsorten:** Tempranillo (Hauptsorte), Garnacha, Mazuelo, Graciano, Viura, Garnacha blanca, Malvasia, (begrenzt auch Cabernet Sauvignon und Merlot)
- **Herkunft:** E-Rioja
- **Weinstil:** leicht-fruchtig bis finessenreich mit Körper
- **Farbe:** hagebuttentönig bis dunkles Kirschrot

Körper: leicht bis körperreich

Säure: mittel bis kräftig

Aroma: Cassis, Erdbeere, Pflaume, Leder, Süßholz

Essenspartner: Schweinebraten, Lamm, Hirsch

BESONDERHEITEN: Garnacha dominiert die Unterregion Rioja Baja für füllige Weine; aus der Hauptrebsorte Tempranillo, hier Tinto fino genannt, entstehen in Rioja Alavesa fruchtige Weine und in Rioja Alta die edelsten Riojas.

Sauternes

[sotern]

- **Rebsorten:** Sémillon (Hauptsorte), Sauvignon blanc, Muscadelle
- **Herkunft:** F-Bordeaux
- **Weinstil:** edelsüß-üppig bis edelsüß-komplex
- **Farbe:** mittleres bis dunkles Gold

Körper: mittel bis üppig-geschmeidig

Säure: mittel bis rassig

Aroma: Honig, Butter, Karamell, Trockenfrüchte

Essenspartner: Edelpilzkäse, Crème brûlée, Pfirsichblätterteigkuchen, Crème caramel

BESONDERHEITEN: Die dünnhäutige Sémillon ist nicht nur besonders anfällig gegenüber der Edelfäule (ein Befall mit dem Schimmelpilz *Botrytis cinerea*, der unter günstigen Bedingungen eine besonders hohe Zuckerkonzentration in den Trauben bewirkt), auch ihr Aroma und ihr fülliger Körper machen sie zur Idealbesetzung für die edlen Sauternes-Süßweine. Mit 80% herrscht sie im Cuvée vor, immer im Mix mit dem frischen Sauvignon blanc und gelegentlich unterstützt von der zart-würzigen Muscadelle.

Sherry

[scheri]

- **Rebsorten:** Palomino (Hauptsorte), Pedro Ximénez, Muscat d'Alexandrie
- **Herkunft:** E-Jerez
- **Weinstil:** trocken-frisch bis üppig-süß
- **Farbe:** helles Gold bis dunkelbraungold

Körper: leicht bis schwer

Säure: frisch bis sanft

Aroma: mineralisch, Nuss, Feige, Datteln, Karamell

Essenspartner: Aperitif, Tapas, Crème caramel

BESONDERHEITEN: Palomino dominiert mit über 90 % nicht nur die Anbaufläche in Jerez, sondern bestimmt als wichtigste Sorte auch den Charakter aller Sherrystile – vom hellsten und leichtesten Fino Manzanilla über den trockenen, mandelaromatischen Fino und den mild-nussigen Amontillado bis zum malzig-würzigen Oloroso.

Tokajer

[tokajer]

- **Rebsorten:** Furmint (Hauptsorte), Hárslevelű, Sargamuskotaly (Muscat blanc à petits grains)
- **Herkunft:** H-Tokaj-Hegyalja
- **Weinstil:** elegant-edelsüß bis würzig-edelsüß-dicht
- **Farbe:** goldgelb bis bernsteingold

Körper: mittel bis intensiv

Säure: hoch

Aroma: Quitte, Aprikose, Honig, Nuss, Rosine

Essenspartner: Edelpilzkäse, Nussgebäck

BESONDERHEITEN: Der Tokajer gilt als der älteste edelsüße Wein der Welt. Vom einfachsten Tokaji Szamorodni über Tokaji Aszú bis zum hochedlen Tokaji Eszencia: Der Furmint sorgt für unvergleichliche Spannung und Vitalität, der Hárslevelű für feurige Würze und elegante Fülle.

ÄUSSERE EINFLÜSSE

Weinberg an der Ahr

Die Eigenart einer Rebsorte übt auf den Charakter eines Weines den allergrößten Einfluss aus. Wie ein Wein schließlich schmeckt, ob er über viel oder wenig Frucht, Säure, Körper und Tannin verfügt und wie gut er altern kann, wird jedoch zunehmend durch moderne Methoden im Weinberg und Ausbautechniken im Keller beeinflusst. Welche dieser Maßnahmen förderlich sind und welche die Individualität einer Sorte eher schwächen, lesen Sie auf den folgenden Seiten.

Klon und Unterlage

In einem Weinberg gleicht kein Weinstock dem anderen. Obwohl es sich um dieselbe Rebsorte handelt, zeigen sich einige Rebstöcke widerstandsfähiger gegenüber Frost oder Krankheiten. Andere hingegen kommen mit dem jeweiligen Boden oder Klima besser zurecht. Oder von einigen Stöcken schmecken die Trauben deutlich aromatischer. Diese und noch einige andere wichtige Unterschiede mehr entstehen oft durch natürliche Mutation. Ein aufmerksamer Winzer weiß sie zu nutzen, zum Beispiel für eine Neuanlage. Er wählt den Rebstock mit den von ihm gewünschten besten Eigenschaften und klont ihn, d.h. er vermehrt ihn vegetativ durch einen Steckling. Dieser **Klon** (griechisch: einzelner Zweig) ist mit der ausgewählten Mutterpflanze genetisch identisch – mit anderen Worten: der perfekte Nachkomme.

Nun ist es ratsam, diesen perfekten Nachkommen zu schützen und auch qualitativ zu unterstützen. Das geschieht durch Veredeln, also das Pfropfen eines Edelreises des Klons auf eine **Unterlage** (→ S. 6), den unterirdischen Teil der »fertigen« Rebpflanze, der meist aus Kreuzungen mit amerikanischen Wildreben hervorgegangen ist. Dieser Wurzelstock schützt die junge Rebe nicht nur vor der Reblaus, die richtige Wahl sichert auch Qualität und Ertrag.

Die Auswahl einer geeigneten Unterlage (z. B. 5 BB, 5 C, 125 AA) richtet sich nach der Bodenart, dem Pflanzabstand und der Sorte. Natürlich gibt es auch Rebsorten, die ganz ohne Unterlage auskommen. Diese wurzelechten Sorten sind an ihre Lage bestens angepasst und bringen einzigartige Qualität hervor. Im heutigen Weinbau leben wir aber mit Sicherheitsansprüchen, wollen Konstanz in Qualität und auch Quantität. Somit ist die Kombination aus Klon und Unterlage für die meisten Winzer die bessere Wahl.

Klima

Die Rebe mag es grundsätzlich heiß, liebt Licht und fühlt sich in hoher Luftfeuchtigkeit wohl – wie in den Auwäldern ihrer ursprünglichen Heimat zwischen dem Kaukasus und Afghanistan. Temperaturen von 40 °C im Schatten verträgt das subtropische Lianengewächs problemlos, nach unseren Kriterien des Weinbaus jedoch mit Qualitätsverlusten. Denn je heißer der Standort, umso schneller die Reife, umso höher der Zuckergehalt der Traube – und damit der Alkoholgehalt des späteren Weins – und umso weniger Fruchtsäure sowie Duft- und Aromastoffe. Problematisch kann es sein, wenn Wasser fehlt und die Trauben in südlichen Gefilden durch diesen Trockenstress trotz genügend Wärme nicht zur Reife gelangen. Nun gibt es Rebsorten – es sind vor allem rote – die mit Trockenheit, sogar zeitweiliger Dürre, viel besser zurechtkommen als andere. Andere wiederum erfrieren nicht gleich bei Wintertemperaturen unter -20 °C, erreichen sogar während einer langen Vegetationsperiode trotz viel weniger Sonne bzw. Wärme die vollständige Reife.

Die generelle Aussage, eine Rebe fühle sich zwischen dem 25. und 45. Breitengrad am wohlsten, ist bei jedem Einzelfall zu prüfen. Es gibt Sorten, die fast überall irgendwie ein Ergebnis bringen. Qualität aber verlangt nach einem geeigneten Klima. Ist ein Standort zu heiß, sollte man in höhere Lagen ausweichen; ist er zu kalt, empfiehlt es sich beispielsweise, die Reben auf steile Südhänge entlang der Flüsse zu pflanzen. Doch vor allem sollte man sich für die richtige Sorte entscheiden. Auch wenn Cabernet Sauvignon oder Chardonnay weltweit in Mode sind: In Deutschland bleiben beide – ganz besonders Cabernet – weit hinter ihren Möglichkeiten zurück. Dafür wachsen hier die bezauberndsten Rieslinge der Welt, um die uns jedes Weinland beneidet.

Boden

Boden ist nicht gleich Terroir! Eine Begriffsverwirrung, die sich wacker hält. Der Einfluss des Bodens auf den Rebstock und seine Trauben und damit auf den Geschmack seines Weins, ist nur ein Aspekt dessen, was man Terroir nennt. Auch Klima und Landschaft und der Einfluss des Menschen durch unterschiedliche Anbaumethoden spielen eine Rolle.

Ob eine Bodenart tatsächlich so viel Einfluss auf den Geschmack oder das Profil eines Weins hat, wird immer wieder gern diskutiert. Winzer in Übersee verneinen diese Einwirkung zumeist. Für sie zählt vielmehr der mittels moderner Kellertechnik extrahierte pure rebsortentypische Fruchtgeschmack – nicht umsonst kam die Welle der sortenreinen Weine aus Übersee zu uns.

Der Einfluss der Bodenart, ihre Durchlässigkeit, die Beschaffenheit des Untergrunds auf die Rebsorte, kann durchaus die Typizität eines Weins und seine Herkunft überzeugender zum Ausdruck bringen. Man denke etwa an die großen weißen und roten Burgunder von unterschiedlichsten Böden und ihre vielen geschmacklichen Schattierungen. Ein auf Schieferboden gewachsener Riesling schmeckt anders, als wenn er von einem Lehmboden stammt. Der eine präsentiert sich duftig, finessenreich mit langem Abgang, der andere kräftig-füllig mit exotischem Aroma. Selbst wenn die Weine vom selben Kellermeister vinifiziert werden: Der Boden macht den Unterschied.

Mit Ausnahme reiner Humusböden sind an sich alle Böden für den Weinanbau geeignet. Aber: je fruchtbarer ein Boden ist, umso mehr Energie geht ins Blatt statt in die Traube. Ärmere Böden begrenzen den Ertrag, erhöhen aber gleichzeitig die Wahrscheinlichkeit, dass der Boden den Charakter einer Rebsorte prägt – und damit letztlich den Wein.

Der Mensch

Die Natur mag die feinsten rebsortentypischen Aromen erschaffen, aber der Mensch entscheidet, wie viel davon im Wein wiederzufinden ist. Eine Erfolgsformel gibt es nicht, dafür aber viele Einzelschritte, die gelernt werden wollen wie jedes Meisterhandwerk. Erfahrung und Intuition sind nötig, um im richtigen Moment in Weinberg und Keller die richtige Entscheidung zu treffen.

Es beginnt mit der Auswahl der richtigen Rebsorte für den gewählten Standort. Mit dem alljährlichen Rebschnitt bringt der Winzer die Rebe in die richtige Form. Er reguliert damit die Leistung des Rebstocks mit dem Ziel, die Wuchsenergie qualitätssteigernd in die Trauben zu lenken und nicht ins Blattwerk. Dieses muss unbedingt während der gesamten Vegetationsphase gebändigt werden, damit zur Lese reife und gesunde Trauben am Stock hängen. Weder zu viel Blattwerk (in der letzten Reifephase) noch zu viele Trauben am Stock (als Folge unzureichenden Rebschnitts vor der Vegetation) fördern die Weinqualität. Ertragsbegrenzung wirkt sich direkt positiv auf die Weinqualität aus. Es gilt auch: je älter der Rebstock, umso weniger Trauben produziert er und umso besser ist schließlich die Qualität.

Den richtigen Zeitpunkt für die Weinlese abzupassen ist schwierig. Die Reifung der Trauben hängt vom Wetterverlauf während des gesamten Jahres, dem Standort und der Rebsorte ab. Der Winzer kann alle Trauben auf einmal lesen; meist wird er aber in mehreren Durchgängen ernten. Spätestens jetzt entscheidet er über den Weinstil. Will er einen fruchtig-frischen Weißwein, dann erntet er früher, will er mehr Körper und weniger Säure, lässt er die Trauben noch etwas hängen. Vielleicht gibt es auch eine Chance für einen edelfaulen Dessertwein (→ Sauternes, S. 112). Für

Rotweine zählen ein ausgewogenes Verhältnis aus Schale und Saft sowie reife Traubenkerne. Bleiben sie unreif, nehmen die grün schmeckenden Gerbstoffe im Wein zu.

Geerntet wird entweder per Hand oder maschinell mit einem Traubenvollernter, in heißen Regionen auch gerne nachts, um die kühleren Temperaturen zu nutzen. Für den spritzig-fruchtigen Weißweinstil ist das die beste Erntevariante. Im Idealfall erreichen den Keller nach der Lese nur gesunde und reife Trauben, faule müssen aus Qualitätsgründen unbedingt ausgesondert werden.

Weiße Trauben werden meist schnellstmöglich weiterverarbeitet, zuerst entstielt, dann gepresst. Will man mehr rebsortentypisches Aroma, lässt man die Trauben zunächst eine Zeit lang bei etwa 10 °C stehen. Danach werden sie sanft gepresst und in Edelstahltanks unter Temperaturkontrolle bei etwa 20 °C vergoren. Topweine lässt man gern auch in kleinen, 225 Liter fassenden Eichenholzfässchen (Barriques) vergären, was ihnen zusätzliche Fülle verleiht und das rebsorteneigene Fruchtspektrum mit Aromen wie Vanille, Karamell, Honig und Rauch erweitert.

Fast alle roten Trauben werden zunächst entstielt, danach leicht angepresst. Den Mix aus Traubenhäuten und Most, die Maische, lässt man dann im Tank vergären. Während der Gärung, deren Dauer von vielerlei Faktoren abhängig ist – der Temperatur (bis max. 30 °C), der Robustheit der Sorte, aber auch dem Stil des Weinguts – wird aus den Traubenhäuten (nur sehr selten auch aus dem Fruchtfleisch) die rote Farbe extrahiert. Nach der Gärung schließt sich oft sofort die »Milchsäuregärung« zur Minderung der Säure an. Rotweine für den baldigen Genuss reifen danach nur kurz im Edelstahltank, bessere länger oder sehr lange im Holzfass.

Register

Stichwörter, die keine Rebsortennamen sind, erscheinen in *Kursivschrift*. **Fettschrift** verweist auf Haupteinträge.

n

o

p

REGISTER Weine

r

▸s

▸t

Impressum

Grillparzerstr. 12, 81675 München
HALLWAG ist ein Unternehmen des GRÄFE UND UNZER VERLAGS,
München, GANSKE VERLAGSGRUPPE
hallwag-leserservice@graefe-und-unzer.de

Der Verlag dankt Andreas Christian Laible vom Weingut Laible, Durbach, für die Unterstützung bei der Umschlag-Produktion.

Programmleitung: Dorothee Seeliger
Projektleitung: Marc Strittmatter
Redaktion: Margarethe Brunner
Lektorat: Martin Waller, Werkstatt München
Gestaltung (Innen): independent Medien-Design, München, Kathrin Schemel
Gestaltung (Umschlag): KMS Team GmbH, München
Fotos: Stefan Braun Cover, S. 106; Cephas/Diana Mewes S. 42 o.; Cephas/Keith Phillips S. 30 u.; Cephas/Mick Rock S. 14, 22, 37 o.; DWI/Dieth S. 8, 37 u., 46, 114; DWI/Kämper S. 26; Hans-Peter Siffert S. 10, 12, 16, 18, 20, 24, 30 o., 31 o., 31 u., 36 o., 36 u., 42 u., 43 o., 43 u.; Staatliches Weinbauinstitut Freiburg S. 100.
Herstellung: Maike Harmeier
Satz: Filmsatz Schröter, München
Repro: Repro Ludwig, Zell am See
Druck und Bindung: L. Auer, Donauwörth

ISBN: 3-7742-6960-2

Auflage:	5.	4.	3.	2.	1.
Jahr:	2009	08	07	06	05

Hallwag

GRÄFE UND UNZER
Ein Unternehmen der
GANSKE VERLAGSGRUPPE